SABINE THOMAS (Hrsg.)

Tod am Starnberger See

SEEMORDE Mythos Starnberger See: Hier kam Märchenkönig Ludwig II. unter rätselhaften Umständen ums Leben, hier residieren in prachtvollen Villen Millionäre – und solche, die es werden wollen. Notfalls gehen sie dafür auch über Leichen! Ein romantisches Boots-Picknick vor der Roseninsel gerät zum Albtraum, eine unverhoffte Begegnung beim Sommerfest in der Villa Waldberta bringt eine junge Stipendiatin in schwere Bedrängnis und ein Polizist entwickelt seine eigene Methode des Starnberger Strafvollzugs …

Zwölf bekannte »Schreibtischtäter«, alle mit persönlichem Bezug zum Starnberger See, haben sich zusammengefunden und Bayerns berühmtesten See zum Schauplatz ihrer einzigartigen Kurzkrimis gemacht. Die Geschichten sind so unterschiedlich wie ihre Autoren und deren Protagonisten: bitterböse, spannend, beklemmend, literarisch, aber auch witzig oder skurril.

Foto: A. Hob

Die Herausgeberin und Autorin Sabine Thomas wurde bekannt als TV-Moderatorin. Sie hat einen preisgekrönten Roman sowie zahlreiche Kurzkrimis in Anthologien veröffentlicht und schrieb Drehbücher für eine ARD-Krimiserie. Sie lebt im Landkreis Starnberg, ist Veranstalterin des Krimifestival München und des »Krimifestival Fünfseenland« und hat bereits die erfolgreichen Anthologien »Tatort Ammersee« und »Tod am Tegernsee« herausgegeben.
www.krimifestival-5seenland.de
www.sabinethomas.de

Alle Autoren im Überblick:
Nicola Förg, Christine Grän, Henrike Heiland, Walther Hohenester, Harry Luck, Jörg Maurer, Philipp Moog, Ono Mothwurf, Oliver Pötzsch, Asta Scheib, Jörg Steinleitner, Sabine Thomas

Bisherige Anthologien der Herausgeberin:
Tod am Tegernsee (2011, Neuausgabe 2019)
Tatort Ammersee (2009, Neuausgabe 2019)

SABINE THOMAS (Hrsg.)

Tod am Starnberger See

12 KRIMINALGESCHICHTEN VOM STARNBERGER SEE

Personen und Handlung sind frei erfunden.
Ähnlichkeiten mit lebenden oder toten Personen
sind rein zufällig und nicht beabsichtigt.

Die automatisierte Analyse des Werkes, um daraus Informationen
insbesondere über Muster, Trends und Korrelationen gemäß § 44b UrhG
(»Text und Data Mining«) zu gewinnen, ist untersagt.

Immer informiert

Spannung pur – mit unserem Newsletter informieren wir Sie
regelmäßig über Wissenswertes aus unserer Bücherwelt.

Gefällt mir!

Facebook: @Gmeiner.Verlag
Instagram: @gmeinerverlag

Besuchen Sie uns im Internet:
www.gmeiner-verlag.de

Die Erstausgabe von »Tod am Starnberger See« erreichte 3 Auflagen.

© 2010 – Gmeiner-Verlag GmbH
Im Ehnried 5, 88605 Meßkirch
Telefon 0 75 75 / 20 95 - 0
info@gmeiner-verlag.de
Alle Rechte vorbehalten
4. Auflage 2025

Lektorat: Claudia Senghaas, Kirchardt
Herstellung: Julia Franze
Umschlaggestaltung: U.O.R.G. Lutz Eberle, Stuttgart
unter Verwendung eines Fotos von: © LaMiaFotografia /
shutterstock.com
Druck: Custom Printing, Warschau
Printed in Poland
ISBN 978-3-8392-2448-9

INHALTSVERZEICHNIS

Josef Wilfling
Vorwort   7

Philipp Moog
Toter Mann   9

Jörg Steinleitner
Paradies   15

Sabine Thomas
Sommergewitter   34

Henrike Heiland
Starnberger Strafvollzug   52

Harry Luck
Silver Surfer   68

Walther Hohenester
Lesestündchen   93

Jörg Maurer
Starnberger Lösung   106

Nicola Förg
Der Kopist   112

Ono Mothwurf
Milcheis   125

Christine Grän
Millionärsspiel   142

Asta Scheib
Tanz der Furien   156

Oliver Pötzsch
Der Fall Ludwig   176

Autoren-Biografien (alphabetisch)   203

JOSEF WILFLING
VORWORT

Richtig neidisch könnte man werden, wenn man in einem Kriminalroman liest oder in einem Fernseh-Krimi sieht, dass die Münchner Mordkommission an so wunderschönen »Tatorten« wie dem Starnberger See ermitteln darf. In herrlichen Landschaften anstatt im Großstadtmief, in traumhafter Umgebung und herrschaftlichen Villen anstatt inmitten trister Hochhäuser und meist auch noch bei herrlichstem Sonnenschein anstatt in kühlen bis frostigen Nächten.

Aber leider endet für uns Münchner Ermittler die Mördersuche an der Landkreisgrenze, denn die im idyllischen Oberland zuständigen Kriminaler würden wohl ziemlich sauer reagieren, würden Münchner »Gschaftlhuber« in ihrem Zuständigkeitsbereich wildern.

Und weil das Verbrechen im Gegensatz zu behördlich festgelegten Zuständigkeitsbereichen keine Grenzen kennt, in allen Landschaften und Umgebungen gleichermaßen blüht und in allen sozialen Schichten zu Hause ist, geht es hier in diesem Buch um wirklich spannende, anspruchsvolle Kriminalfälle, die für jeden Ermittler eine verlockende Herausforderung darstellen.

Intelligent, raffiniert und herrlich böse sind die Abgründe, in die man in dieser Krimi-Anthologie blicken darf. Wie gesagt, richtig neidisch könnte man werden!

Josef Wilfling, Kriminaloberrat a.D.
(langjähriger Leiter der Münchner Mordkommission)

PHILIPP MOOG
TOTER MANN

Ich schlage die Augen auf.

Blau. Alles blau.

Ich treibe im Wasser. Ruhig. Schwerelos. Das Wasser hat keine Temperatur. Ein Knistern, mitten im Kopf. Wie Energie. Wie kleine Stromschläge. Oder ein Geräusch? Vielleicht von spielenden Kindern. Ich stelle mir vor, wie sie irgendwo am Ufer mit ihren nackten Füssen über den Kies hüpfen, ins Wasser laufen. Die Schallgeschwindigkeit im Wasser ist um ein 4,3-Faches höher als in der Luft, habe ich mal im Tauchkurs gelernt. Ich spüre einen leichten Druck an meiner Schläfe. Ganz leicht. Fast zu leicht, um es wahrnehmen zu können. Ein kleines Stechen. Aber so blau. Der Himmel ist so blau …

Oft bedarf es eines Kontrasts, um dieses Himmelblau wirklich begreifen zu können, eines Gegenstands im Vordergrund. Eines Baumes zum Beispiel. Oder eines Menschen.

Jemand beugt sich in mein Blau. Zu mir nach unten. Gegen die Helligkeit. Das Gesicht ist mir zugewandt, jedoch im Schatten. Ich kann die Person nicht erkennen. Sie sieht über den Rand eines Bootes zu mir hinab ... eine Frau ...
   Wer bist du?
   ... Renate?
   Die Frau richtet sich auf, streicht sich die Haare aus dem Gesicht. Dann holt sie ein Seil hervor, ein Tau. Sie trägt eine orangefarbene Schwimmweste. Renate! Gott sei Dank ...
   Ich möchte etwas sagen, aber ich kann nicht. Jetzt beugt sie sich zu mir nach unten, greift nach mir. Ich möchte ihr meine Hand entgegenstrecken, aber ich kann mich nicht bewegen.
   Ich überlege, ob der kleine pochende Schmerz an meiner Schläfe in irgendeinem Zusammenhang mit meiner Bewegungsunfähigkeit stehen könnte. Wie komme ich eigentlich hierher? Warum treibe ich im Wasser? Aber mein Gehirn ist zu träge, zu benommen, um eine Antwort zu finden ...
   Renate hat sich mittlerweile weit über den Bootsrand hinausgelehnt, bedenklich weit. Sie kann nicht

schwimmen, sie fürchtet sich vor der dunklen Tiefe. Ihre Arme versuchen verzweifelt, mich zu erreichen. Ich drohe abzutreiben!

Ihre Fingerspitzen berühren mich. Sie tastet sich an meinem Bein entlang. Schließlich bekommt sie mit einer Hand meinen Hosenbund zu fassen. Hält mich fest. In der anderen Hand hat sie das Tau. Sie dreht meinen tauben Körper etwas und zieht ihn näher zum Boot. Ich sehe, wie sie jetzt das Seilende unter meinem Gürtel hindurchzieht und verknotet. Schlaues Mädchen! So viel technische Raffinesse hätte ich ihr gar nicht zugetraut. Als hätte sie meine Gedanken gehört, hält sie kurz inne und sieht mir in die Augen. Ganz außer Atem. Ein kleines tapferes Lächeln, dann richtet sie sich umständlich auf und das Boot wackelt etwas. Bewegung jetzt. Kleine Wellen. Ich werde hin und her geschoben. Ganz sanft.

Renate verschwindet kurz, dann taucht sie wieder auf. Sie hält unseren Picknickkorb in den Händen und stellt ihn ab. Richtig! Wir wollten doch Brotzeit machen! Auf dem See. Sonnenuntergang. Zusammen mit Rudi und Hanne. Langsam beginnt mein Gehirn wieder zu arbeiten: Wir wollten uns mit unseren Elektrobooten vor der Roseninsel treffen, hatte Renate gestern Abend gesagt, während sie in der Küche unseren Picknickkorb für vier Personen packte. Teller, Unterteller, Gläser, unser schönes Silberbesteck, alten Gouda vom Viktualienmarkt und etwas Brie, Tomaten und deftige Bauernkrustn, zwei Flaschen Wein, Saft und Wasser, Korkenzieher, Nüsse, diverse frische Kräuter, Mörser …

Ein leichtes Ruckeln am Tau jetzt, wahrscheinlich bindet sie mich irgendwo fest, um dann Hilfe zu holen.

»Wofür denn den Mörser?« hatte ich über den Zeitungsrand hinweg gefragt. Und sie sah mich wieder mit ihren großen Augen an, hinter deren Blick ich – wie so oft während unserer Ehe – eine große Leere vermutete. Das erste Mal war mir das am Tag unserer Trauung aufgefallen. Renate und ich standen uns gegenüber. In der Kirche. Vor dem Altar. Vor dem Gemeindepfarrer und vor unserer beider Familien, Freunde und Kollegen. Sie sah mich mit diesem stumpfen leeren Blick an und ich ahnte plötzlich, dass das Ganze vielleicht ein Fehler war. Es war jedoch sinnlos gewesen, mir in diesem Moment den Kopf darüber zu zerbrechen, denn ich hatte bereits »Ja, ich will!« gesagt, und bevor ich aufkommende Zweifel noch in einen rettenden Einfall hätte umwandeln können … sie auch.

Mir wird kalt. Mein Hemd klebt an meinem Oberkörper. Ich fange an zu bibbern. Meine Zähne klappern leise aufeinander. Von unten sehe ich nun, wie Renate den Deckel des Picknickkorbes schließt. Dann richtet sie sich auf, holt weit aus, und wirft den Korb über Bord. Mit einem riesigen Platscher kommt er ein paar Meter neben mir auf der Wasseroberfläche auf.

Renate steht am Heck unseres Elektrobootes und bewegt sich nicht.

Schatz, was machst du denn? Mir ist kalt!

Ich sehe, wie meine Frau gerade beginnt, den Anker einzuholen ... da macht mich etwas stutzig: Ich bin mir nicht mehr ganz sicher, (vielleicht habe ich mich auch getäuscht, der Picknickkorb flog ja nur für den Bruchteil einer Sekunde durch die Luft), aber war an dessen Haltegriff nicht ein Tau befestigt?

Renate hievt den Anker an Bord, nicht ohne ihn vorher von etwas Seegras zu befreien ...

... als langsam Wasser ins Bild fließt.

Von beiden Seiten. In mein Blickfeld.

Die Umrisse von Renate auf unserem Boot werden unscharf. Weich. Das Orange ihrer Schwimmweste beginnt zu verschwimmen. Meine Wangen werden kühl. Meine Lippen. Dann meine Stirn. Die Nasenspitze zuletzt. Etwas zieht mich langsam nach unten. Ich höre zwei drei Luftbläschen. Meine Kleidung bewegt sich. Leicht. Leise. Meine Arme sind ausgestreckt. Die Gestalt von Renate wird von der Wasseroberfläche verspült. Zerrissen. Geteilt. Zusammengesetzt und wieder getrennt. Von dem Blau. Wie ein Spiel. Und dann Rot. Auf einmal. Es zieht eine feine Bahn, vermischt sich mit dem Blau, löst sich über mir auf. Dann wieder Rot. Etwas mehr. Es kommt von meiner Schläfe. Ich möchte etwas sagen. Mein Mund füllt sich mit Wasser. Die Haare streichen über mein Gesicht und streben nach oben.

Ich sinke.

Ich sehe, wie sich die Schiffsschraube am Heck des Bootsrumpfes zu drehen beginnt.

Die Strahlen der Abendsonne durchdringen die silbrig schimmernde Wasseroberfläche und verlieren sich in der Tiefe des Sees, als die Silhouette unseres Elektrobootes über mich hinweggleitet ... Richtung Norden. Richtung Starnberg.

JÖRG STEINLEITNER
PARADIES

Es war im Juni, als ich das Haus meiner Eltern betrat, drei Tage nach meinem 31. Geburtstag. Ich wollte mit ihnen nachfeiern. Ich hatte eigentlich keine Lust gehabt, zu ihnen zu fahren, aber ich war mittlerweile drei oder vier Monate nicht mehr bei ihnen gewesen.

Der elektronische Öffner für das Tor unseres Anwesens lag noch im Handschuhfach meines Wagens, obwohl ich seit über zehn Jahren nicht mehr bei Mutter und Vater wohnte. Als ich ihn betätigte und meinen Wagen langsam über den Kies der kleinen Lindenallee zum Haus hin knirschen ließ, drang eine leichte Brise vom See her hoch. Am Haus vorbei konnte ich ihn an diesem strahlenden Sonnentag auch sehen. Wie Kirschblüten im Wind schwebten die vielen kleinen Segelboote über die blaue Oberfläche. Es war ein Tag für Werbefotos.

Auf der anderen Seeseite erahnte ich das »Paradies«. An diesem Badestrand hatte ich als Teenager oft mit Freunden gegrillt. Das Anwesen meiner Eltern liegt südlich von Starnberg – man muss nur an meinem alten Gymnasium in Kempfenhausen weitergehen, dann kommt man daran vorbei. Genauer möchte ich das nun – auch wegen dem, was noch alles kommt – nicht beschreiben.

Vater war bis zu seiner Pensionierung im vergangenen Herbst Personalvorstand in einem großen, bei München gelegenen Technologieunternehmen. Das Haus hat er geerbt. Mutters Aufgabe war es, unterstützt von zahlreichen Angestellten, den Haushalt zu führen. Geschwister habe ich keine.

Ich parkte meinen Wagen direkt vor der Freitreppe, die zum Haupteingang führt, als ich den Lieferwagen eines Paketzustellers hinter mir bemerkte. Kurz wunderte ich mich darüber, wie der hier hereingekommen war. Er fuhr für meine Begriffe zu schnell und musste dann zwangsläufig sehr abrupt bremsen. Dieser Vorgang hinterließ einen hässlichen schwarzen Streifen im Kies. Der Mann hob ein leichtes, aber sehr großes Paket aus seinem Gefährt, stellte es vor meinen Füßen ab und bat mich, den Empfang zu quittieren. Der Mann stank nach Schweiß, das Paket war an meine Mutter adressiert.

Meine Mutter. Sie musste die Geräusche der anfahrenden Autos gehört haben, denn sie stand oben auf der Treppe. Aus der Entfernung sah sie gut aus, immerhin war Mutter schon 61. Sie trug ein helles Kleid im Stil der 70er Jahre. Kleider und Mode waren schon immer ihre ganze Leidenschaft. Nachdem ich die Treppen zu ihr hinaufgestiegen war, sah ich allerdings, dass ihre Haut seit meinem letzen Besuch eine Veränderung erfahren hatte. Da hatte sich ein Grauton eingeschlichen, der früher so nicht vorhanden war. Auch wirkte sie nervös. Als ich später einmal unwillkürlich nach einer Fliege schlug, zuckte sie zusammen, als hätte mein Schlag ihr gelten können.

»Alles Gute zu deinem Geburtstag, mein Sohn«, sagte sie in der Küche, nachdem wir schweigend nach oben gestiegen waren. Ich empfand diese Aussage als merkwürdig distanziert.

»Ich habe einen Kuchen für dich bestellt, magst du ein Stück?« Sie deutete auf eine edle und ziemlich große Schachtel der hiesigen Konditorei.

Ich lehnte dankend ab und fragte stattdessen: »Wo ist Vater?«

»Kommt gleich«, sagte Mutter. Obwohl ich ihr Gesicht in diesem Moment nicht sah, weil sie sich an der Kaffeemaschine zu schaffen gemacht hatte, glaubte ich ihr nicht.

»Und, wie geht's mit deinem Studium?«, fragte Mutter.

Ich war irritiert. Mein Studium hatte ich vor vier Jahren abgeschlossen, Mutter und Vater waren beide eigens nach England gereist, um bei der Zeugnisverleihung dabei zu sein.

»Mein Studium?«

»Ja«, erwiderte Mutter mit einer vollkommen deplazierten Kessheit, »läuft's nicht so?«

»Mutter«, entgegnete ich nun, wobei ich meine Empörung zu unterdrücken versuchte, »ich arbeite seit drei Jahren in Hamburg.«

Jetzt blickte sie mir in die Augen, als hätte ich sie bei etwas ertappt, und ich fragte vorsichtig: »Mutter, alles okay?«

Es folgte ein hastiges Nicken. Ich ging zum Fenster und schaute hinab auf die Wiese, auf der ich als Kleinkind Purzelbäume geschlagen hatte, immer einen nach dem anderen, bis ich in der Hecke gelandet war, die an den sich um den See windenden Fußweg grenzte. Ich wandte mich vom Fenster ab und stellte fest, dass ich Staub an den Fingern hatte.

»Warum kochst eigentlich du den Kaffee?«, entfuhr es mir unwillkürlich. »Wo ist denn Babette?«

»Weg«, antwortete Mutter nur.

»Wie, weg?«, wollte ich wissen, doch von Mutter kam nichts weiter, als wäre es eine Selbstverständlichkeit, die keiner näheren Erklärung bedurfte.

Aber mir erschien das merkwürdig, da Babette etwas jünger als Mutter war und seit über 20 Jahren den Haushalt führte. »Wie, weg, Mutter?«, fragte ich daher nochmals und energischer.

»Sie hat gekündigt«, war ihre Antwort, es klang gelogen. Kopfschüttelnd ging ich zur Toilette, doch das Klosett direkt neben der Küche war abgesperrt. Aus dem Flur rief ich Mutter zu, warum die Toilette abgesperrt sei.

»Kaputt«, kam es zurück. Aber die Toilette neben meinem Zimmer funktioniere, ich solle die benützen. Weil ich zu faul war, die zwei Treppen in mein Zimmer hinaufzusteigen, wollte ich den Wohnbereich meiner Eltern im ersten Stock aufsuchen, wo sich auch drei Toiletten befanden. Allerdings war der Wohnbereich meiner Eltern auch verschlossen. Verwirrt nahm ich die Treppe zu meinem Zimmer. Je weiter ich nach oben stieg, umso lebloser erschien mir die Luft. Hier war lange Zeit weder gelüftet worden noch hatte hier jemand gestaubsaugt oder gewischt. Während ich im Stehen urinierte, folgten meine Augen einem Leichtflugzeug, das über dem See schwebte. ›Ich liebe dich, Marina‹, stand auf dem Banner, das es hinter sich herzog. Nachdem ich mir die Hände gewaschen hatte, betrat ich mein Zimmer, verließ es aber sofort wieder.

»Was sollen die ganzen Kartons in meinem Zimmer?«, fragte ich Mutter, als ich wieder zurück in der Küche war.

»Ach«, stöhnte sie, »ich wusste nicht, wohin mit ihnen, stören sie dich?«

»Nein, aber woher sind die? Ich meine, das sind alles Verpackungen von Sachen, die du gekauft hast.«

»Ja«, sagte Mutter nur.

»Und warum hast du euren Wohnbereich abgesperrt?«, fragte ich, vorwurfsvoller als ich dies eigentlich gewollt hatte. Mutter erwiderte, das sei eine reine Vorsichtsmaßnahme. Ich sah auf meine Armbanduhr, die hatte ich von Vater. Dabei sinnierte ich darüber, was wohl mit meiner Mutter los war.

»Wo ist Vater?«, erkundigte ich mich.

»Er ist …«, Mutter zögerte, »spazieren. Kaffee?«

Ich nickte. Der Kaffee schmeckte abscheulich. Aber das war auch kein Wunder, ich hatte Mutter noch nie in meinem Leben Kaffee kochen gesehen.

Mutter konnte keinen Kaffee kochen. Sie konnte Hausangestellten sagen, was sie zu tun haben, stets hatte sie die Organisation des Haushalts perfekt im Griff gehabt.

Meine Kindheit mit ihr war glücklich gewesen. Jederzeit hatte ich Freunde aus der Schule mitbringen dürfen. Verbote oder verschlossene Türen hatte es nie gegeben. Auch das Privatleben meiner Eltern hatte stets einen intakten Eindruck auf mich gemacht. Jedes Jahr hatten sie ein großes Sommerfest veranstaltet, auf dem sich die High Society Starnbergs und Münchens vergnügt hatte.

»Der Kaffee schmeckt nicht«, entfuhr es mir. »Ich gehe kurz runter zum See.«

»Und deine Torte?«, fragte Mutter, »ich habe sie extra für dich bestellt.«

Ohne zu antworten, verließ ich die Küche, stieg eilig die Treppen hinunter, ließ die Tür ins Schloss fallen, nahm die Außentreppe und ging ums Haus. Von Weitem konnte ich sehen, dass in unserer Gartenlaube Gegenstände standen. Im Sommer! Unsere schöne Gartenlaube war im Sommer nicht begehbar, weil meine Eltern da irgendwelchen Mist reingestellt hatten! Beim Näherkommen stellte ich fest, dass es Kartons waren. Wie in meinem Zimmer waren sie alle leer, wie in meinem Zimmer waren sie alle an meine Mutter adressiert. Anders als in meinem Zimmer waren sie nicht zusammengefaltet.

Ich drehte mich um und blickte zum Haus. Täuschte ich mich oder sah ich am Küchenfenster meine Mutter, wie sie zu mir hinuntersah? Mich fröstelte.

Während ich in Richtung meiner alten Schule ging, überlegte ich, ob ich meine Eltern zu lange allein gelassen hatte. War in dieser Zeit irgendetwas aus dem Ruder gelaufen? Ich war gespannt, was Vater über sein Leben als Pensionär erzählen würde. An Weihnachten war er noch ganz begeistert gewesen von der vielen Freiheit, die er nun hatte. Auch Mutter hatte auf mich an Weihnachten einen ausgeglichenen Eindruck gemacht. Danach war ich zu Ostern da gewesen... Nein, war ich nicht! Ich hatte geplant, an Ostern zu kommen, das war jedoch nicht gegangen, zu viel Arbeit.

Je weiter ich mich vom Haus meiner Eltern entfernte, umso freier fühlte ich mich. Hier war die Bank, auf der ich zum ersten Mal geknutscht hatte, Stephanie, langes braunes Haar, wir waren 14 gewesen, ein wunderschöner Sonnenuntergang, sie im Bikini. Während wir uns geküsst hatten, hatte ich mit meiner Hand ihre Brüste berührt. Für mich war es wie die Entdeckung eines neuen Kontinents gewesen. Eine Woche später hatte ich die Stelle zwischen ihren Beinen erkundet. Vater war zu dieser Zeit immer auf Geschäftsreise gewesen. Aber Mutter hatte ich von Stephanie erzählt, nicht alles natürlich. Mutter hatte gesagt, »die ist nichts für dich, diese Metzgerstochter, wir brauchen kein Blut in der Familie.« Ja, so hatte sie das formuliert. Dabei stimmte das mit der Metzgerstochter nur so halb. Stephanies Vater war der Inhaber einer Wurstfabrik, deren Erzeugnisse weltweit Ansehen genossen. Trotz Mutters Aussage erforschte ich die geheimen Orte von Stephanies Körper noch so lange, wie sie mich ließ. Eines Tages sah ich sie bei einem dieser braun gebrannten Surferdeppen in einem roten Cabrio sitzen. Ab da war die Sache erledigt. Na ja, es waren bald neue Erfahrungen für mich gekommen. Einige Mädchen hatte ich meinen Eltern vorgestellt, andere nicht. Mutter hatte sich immer korrekt verhalten, Vater sowieso.

Was ich den Rest meines Spaziergangs gedacht habe, weiß ich nicht mehr. Jedenfalls habe ich in einem der Cafés an der Promenade einen Espresso getrunken und bin dann wieder zurück. Vielleicht war Vater jetzt von seinem Spaziergang zurückgekehrt? War er nicht. Zu meinem Erstaunen saß Mutter nach wie vor in der Küche. Sie studierte einen exklusiv aussehenden Katalog für Damenbekleidung.

»Vater noch nicht da?«, wollte ich wissen.

Mutter schüttelte den Kopf.

»Sollen wir ihn mal auf dem Handy anrufen?«, fragte ich.

Sie schüttelte erneut den Kopf.

»Warum nicht?«

»Stört ihn«, sagte sie.

»Wie, ›stört ihn‹?«, fragte ich jetzt ein bisschen ungeduldig. »Wie soll ihn das beim Spazierengehen stören? Weiß er nicht, dass ich komme? Ich bin ja auch nicht ewig da!«

»Er ist ja gar nicht beim Spazieren«, sagte Mutter jetzt zu meinem Erstaunen.

»Wo dann?«, fragte ich und musste einen Augenblick schmunzeln über ihr seltsames Verhalten.

»Beim Golfspielen«, antwortete sie.

»Dann rufe ich ihn an«, sagte ich und zog mein Handy aus der Jacketttasche.

»Du weißt doch, dass er beim Golfen nie ans Handy geht«, meinte Mutter nun.

»Dann fahre ich hin, zum Golfclub«, drohte ich, ich wollte sie provozieren.

Aber sie sagte nur: »Ja, dann fahr' hin.«

Als ich eine Dreiviertelstunde später vom Golfclub zurückkam, stand das Tor zu unserer Einfahrt offen.

Ich fuhr hinauf und stellte zu meinem Erstaunen fest, dass schon wieder ein Paketzusteller seinen Lieferwagen vor dem Haus parkte. Er stand oben bei Mutter auf der Treppe. Sie lachte. Dann kam der Paketzusteller die Treppe heruntergaloppiert, sprang in sein Auto und rief durch die Scheibe: »Bis morgen.«

»Wieso bis morgen?«, erkundigte ich mich bei Mutter, als ich neben ihr auf der Treppe stand.

»Ach, der kommt fast jeden Tag«, lächelte Mutter und das erste Mal wirkte sie auf mich verrückt.

»Was ist das?«, ich deutete auf das Paket, das sie gerade bekommen hatte.

»Überraschung!«

Es klang fast wie gesungen. Mir fiel auf, dass sie ein anderes Kleid anhatte.

»Was für eine Überraschung?«

»Für diihich«, flötete sie und nahm mich in den Arm. Ihr Atem war ungut.

»Gut, dass du weg warst«, meinte sie nun.

»Wieso?«, fragte ich verständnislos.

»In der Zwischenzeit konnte ich ein bisschen aufräumen.«

Ich sah sie ernst an: »Mutter, Vater ist nicht im Golfclub.« Ich zögerte kurz, bevor ich vorsichtig fragte: »Mutter, hat dich Vater verlassen?«

Mutter nickte und fing an zu weinen. Ich nahm sie

in den Arm. Ihr schlechter Atem störte mich nicht mehr. So hielt ich sie eine ganze Weile fest. Schließlich fragte ich leise: »Wegen einer Jüngeren?«

Sie nickte wieder. Ich glaubte ihr.

Der Abend verlief harmonisch. Wir fuhren nach Seeshaupt und aßen in der *Seeresidenz Alte Post* zu Abend. Zum wiederholten Mal erzählte mir Mutter, dass hier bereits der Märchenkönig Ludwig gespeist habe. Das Essen schmeckte mir trotzdem und Mutter scherzte sogar mit dem Kellner. Die Affäre meines Vaters erwähnten wir nicht weiter. Mutter wirkte gelöst. Als wir zurückkehrten, ragte unser Haus monströs und dunkel in den Himmel. Nicht einmal die Gartenlaternen leuchteten.

»Warum sind alle Lichter aus?«, fragte ich und blickte zu ihr hinüber auf den Beifahrersitz. Sie zuckte nur mit den Schultern. Ich wollte nicht tiefer in sie eindringen, weil sie mir leidtat. Vater hätte sie nicht verlassen dürfen. Warum hatte Vater nie mit mir darüber geredet?

Als ich in meinem Zimmer im Bett lag, versuchte ich zu rekonstruieren, wann ich mit Vater das letzte Mal gesprochen hatte. Ich konnte mich nicht daran erinnern. Stets war Mutter ans Telefon gegangen. Warum war mir das nicht aufgefallen? Ich griff mein Handy vom Nachttisch und wählte Vaters Mobiltelefon an. Nach einigen Sekunden hörte ich die Ansage mit seiner sonoren Stimme. Ich sprach ihm folgende Nachricht auf die Mailbox: »Hallo Vater, ich bin gerade bei Mutter in Starnberg. Bitte rufe mich zurück.«

Nachts wachte ich auf, weil ich Durst hatte. Ich ging in die Küche und holte mir eine Limonade aus dem Kühlschrank. In der Schublade, in der üblicherweise der Flaschenöffner lag, fand ich ihn nicht. Ich sah mich in der Küche um. Auf den Arbeitsplatten lag er auch nicht. Ich öffnete alle Schubladen. In der großen, ganz unten im Schrank links vom Herd, nahm ich neben einer unförmigen Plastiktüte, die sich dort groß aufbeulte, einen roten Fleck wahr. Mutter braucht unbedingt eine Putzfrau, dachte ich mir und öffnete die Flasche mit dem Griff eines Messers. Dann ging ich nach oben. Als ich an der Tür zum Wohntrakt meiner Mutter vorbeiging, hörte ich leises Gemurmel und Geraschel. Unter der Tür stahl sich ein Lichtstrahl durch. Sie war noch wach.

Im Bett dachte ich über die Ehe meiner Eltern nach. Ich hatte Mitleid mit Mutter. Vater hätte sie nicht verlassen dürfen. Es war mir unerklärlich, wie man, wenn man Jahrzehnte mit einem Menschen in Harmonie verbracht hatte, diesen auf einmal verlassen konnte. Ich beschloss, es besser zu machen. Über diesem Gedanken muss ich eingeschlafen sein.

Gegen vier Uhr schreckte ich hoch. Ich weiß nicht, ob ich schlecht geträumt hatte oder ob draußen ein Geräusch war, das mich aufgeweckt hatte, jedenfalls sah ich plötzlich das Bild des roten Spritzers neben der ausgebeulten Plastiktüte vor meinem inneren Auge. Auch schwitzte ich. Ich horchte. Im Haus war es totenstill. Ich blieb eine Weile liegen und versuchte mit autogenem Training, den Fleck, der sich in meiner Fantasie in einen Blutspritzer verwandelt hatte, und alle damit verbundenen Gedanken aus meinem Kopf zu verdrängen. Es ging nicht. Mir wurde schlecht. Ich ging auf die Toilette, versuchte mich zu übergeben, aber es kam nichts. Barfuß schlich ich die Treppen zur Küche hinunter. In Mutters Trakt brannte noch immer Licht. Ich öffnete die Tür zur Küche und erschrak, denn da saß Mutter. Sie blickte auf wie in Trance. Wieder brütete sie über einem Katalog.

»Was machst du da?«, fragte ich.

»Brauchst du was?«, fragte sie.

»Nein«, antwortete ich und beschloss, wieder ins Bett zu gehen.

Am nächsten Morgen erwachte ich davon, dass die Reifen eines Autos in der Einfahrt knirschten. Ich brauchte gar nicht hinauszusehen, um zu wissen, was es war. Mutter war beim Frühstück wieder sehr glücklich, vor ihr stand eine neue Kaffeemaschine.

»Ich habe schon gemerkt, dass dir mein Kaffee nicht schmeckt«, sagte sie.

Auf meinem Platz lag ein Geschenk. Ich packte es aus und fand darin ein sehr teures Handy. Ich war etwas gerührt.

»Warum bestellst du so viele Sachen, Mutter?«

»Man gönnt sich ja sonst nichts«, sagte sie und versuchte ein mädchenhaftes Lächeln.

Wenig später lieferte ein Bote das Frühstück. Ich verspürte keinen Appetit. Kurz fiel mir auch der Blutspritzer wieder ein, aber Mutter war die ganze Zeit in der Küche – und was sollte das schon für ein Hirngespinst von mir sein?

Lustlos aß ich ein Croissant, stand auf und schaute zum Fenster hinaus. Es war ein traumhafter Sommertag. Ich musste etwas aus diesen Tagen hier in meiner alten Heimat machen – Biergarten, schwimmen, wandern – Mutters Stimmung machte mich fertig.

»Ich gehe surfen«, sagte ich deshalb entschlossen und stand auf. Mutter stand auch sehr schnell auf, schwieg aber.

Ich wusste, dass mein Surfbrett in den Garagen sein

musste. Zunächst suchte ich eine ganze Weile nach dem elektronischen Garagenöffner. Der war sonst immer in einer Schale auf einem Kästchen neben der Türe gelegen. Doch da war er nicht, und auch der Ersatzöffner war nicht da. Jedoch konnte man in die Garagen auch über eine Türe gelangen. In der Erwartung, dass diese Türe, wie neuerdings so vieles im Haus meiner Eltern, abgesperrt sein würde, ging ich nach draußen. Zu meiner Überraschung ließ sie sich leicht öffnen. Allerdings war es unmöglich, die Garagen zu betreten, es war alles voller Kartons. Ich versuchte, mich ein Stück weit hineinzuschieben, um wenigstens zu sehen, ob mein Surfbrett noch auf seinem Ständer lag, vergebens. Dafür stellte ich fest, dass die Kisten alle mit Waren befüllt waren. Einige waren noch nicht einmal geöffnet. Andere waren aufgeschnitten und ich fand darin Gegenstände, die nigelnagelneu waren, Küchengeräte, Schmuck, Fernseher, Handys, ein Handstaubsauger, Laptops, Schminksets, Kleider, Schuhe. Dies alles verteilt auf Stellplätze, die ausreichend Platz boten für die Autos meiner Eltern. Ich stutzte. In der Garage standen alle vier Autos: Vaters Dienst-Mercedes, den er in die Pension hatte mitnehmen dürfen, das Audi-Cabrio, der Wrangler Jeep und Mutters BMW.

Zurück im Haus fand ich Mutter nicht mehr in

der Küche vor. Ich ging zu ihrem Wohnbereich. Die Türe war abgesperrt. Ich klopfte.

»Ja?«

»Mach mal auf!«, forderte ich.

»Wieso?«, wollte sie wissen.

»Ich will dich was fragen«, antwortete ich.

»Frag doch.«

»Mach auf!«, forderte ich dringlicher.

»Ach, ich bin gerade nackt«, sagte sie mit einer Stimme, als wäre sie eine junge Frau, bei der ich zum ersten Mal zu Besuch war. Ich musste kurz lachen.

»Komm Mutter, jetzt tu nicht so, mach auf!«

Die Tür öffnete sich einen Spalt. »Ich dachte, du wärst nackt?«

»War geschwindelt«, sagte sie verschämt und schob sich vorsichtig durch den Türspalt, den sie direkt hinter sich zuzog. Obwohl dies alles sehr schnell gegangen war, hatte ich gesehen, was ich mir bereits gedacht hatte: Auch Mutters Wohntrakt barst vor Kisten.

»Und, was wolltest du fragen?«, erkundigte sie sich mit beinahe charmantem Augenaufschlag.

Ich fragte sie, ob Vater ein neues Auto gekauft habe.

»Nein«, sagte sie reflexartig, korrigierte dies aber hastig: »Ja, doch, hat er.«

Ich glaubte ihr kein Wort. Ich zückte mein Handy und sagte: »Ich rufe jetzt Vater an.«

Dies schien sie nicht weiter zu berühren, vielmehr drehte sie sich mit der Erklärung um, sie müsse noch etwas verräumen. Daraufhin verschwand sie in ihrem Bereich. Ich bekam wieder nur Vaters Mailbox zu hören. Ich sagte: »Vater, ich wäre sehr beruhigt, wenn du mich anrufen könntest. Bitte.« Beim Aussprechen dieses letzten Worts spürte ich, dass mir eine Träne über die Wange lief.

Ich ging in die Küche, um ein Glas Wasser zu trinken. Da fiel mir die Schublade mit dem Blutspritzer wieder ein. In der Tüte fand ich ein Elektromesser zum Schneiden von Braten.

Die zerstückelte Leiche meines Vaters entdeckte ich in einem Umzugskarton im Keller, inmitten anderer Kartons, ich musste ab der Kellertreppe nur dem Geruch folgen. Mutter hat ihn betäubt, zersägt und versteckt, weil er sie seit seiner Pensionierung an ihrer »Arbeit« hinderte. Mutter sieht ihre »Arbeit« darin, für ihrer beider Leben wichtige Gegenstände anzuschaffen und »alles in Ordnung zu halten«. Vater braucht nun keine Sachen mehr. Der Gerichtsgutachter ist sich nicht sicher, ob Mutter an einer Psychose leidet. Er könne an ihr keine klaren Wahnsymptome erkennen. Ich besuche Mutter nun häufiger.

SABINE THOMAS
SOMMERGEWITTER

Es war ein Tag wie aus dem Bilderbuch. Ich saß auf der Terrasse einer herrschaftlichen Jugendstilvilla, die hoch über dem Starnberger See thronte, nippte an meinem Eistee, ließ den Blick über den blau glitzernden See bis hin zu den Alpen schweifen und genoss eine Aussicht, für die manche Menschen morden würden. Neben mir auf der Bank schlief zusammengerollt die dreifarbige Glückskatze Luzie, die heimliche Regentin der Villa Waldberta.

Der Wetterbericht hatte für heute 32 Grad Celsius im Schatten und ein Wärmegewitter am Abend vorhergesagt. Eine unerträglich schwüle Hitze hing über dem See. Kein Wölkchen stand am Himmel, kein Lüftchen rührte sich, die Segelboote lagen ruhig auf dem Wasser. Die Luft flimmerte am Horizont. Wie gern wäre ich zum See hinuntergefahren und zur Roseninsel hinübergeschwommen, aber ich hatte heute andere Verpflichtungen.

Vor mir auf dem weiß lackierten Holztisch stand mein Notebook, dessen Cursor links oben auf einer leeren weißen Seite resigniert blinkte. Immer wieder schaltete sich der Bildschirmschoner wegen Inaktivität ein und zeigte eine Diashow mit Fotos aus meiner Vergangenheit, die ich weit hinter mir gelassen hatte und von der ich mich mit jedem Tag in dieser Traumvilla weiter entfernte. War das wirklich ich? Das schüchterne Mädchen mit den langen Haaren im Gesicht? Immer wieder berührte ich unwirsch irgendeine Taste, um die Fotos mit den Geistern der Vergangenheit vom Bildschirm zu verscheuchen. Ich wollte auf keinen Fall zurück in mein langweiliges altes Leben. Nie wieder.

Unglaublich, wie schnell man sich an Luxus gewöhnen konnte. Eigentlich hatte ich mich für dieses Stipendium nur beworben, um für eine Zeit lang meiner schmuddeligen Studenten-WG zu entkommen, wo ich mir mit einer nervigen Kommilitonin ein winziges Zimmer teilen musste.

Zu schade, dass der Aufenthalt in der Villa Waldberta nur drei Monate dauern sollte. In den ersten Wochen hier in Feldafing hatte ich keine einzige Zeile verfasst. Wozu auch? Ich sah überhaupt keinen Sinn darin, in dieser traumhaften Umgebung zu versuchen, mir Worte und Sätze herauszupressen, die die Welt nicht brauchte, während ich in einer Traumvilla mit Park und Seeblick residierte. Vielmehr genoss ich den Aufenthalt hier in vollen Zügen, spielte meine Rolle als Villenbewohnerin, und später, irgendwann, würde ich die Erlebnisse meines Waldberta-Sommers zu Papier bringen. Die langen durchfeierten Nächte und Koch-Orgien mit den anderen Stipendiaten aus aller Welt. Das private Klavierkonzert im Musikzimmer mit der japanischen Pianistin, die Tag und Nacht an einer Symphonie arbeitete. Die Vollmond-Party im Turmzimmer, bei der die argentinische Choreografin plötzlich aus dem Fenster geklettert und über das Dach getanzt war. Die spirituelle Kontaktaufnahme der Stipendiaten mit dem indischen Hausgeist, der seit Generationen in der Galerie hauste und sich über die Spinnweben in dem abgeschlossenen Dienstbotentreppenhaus beschwerte. Der real existierende Hausgeist in Form einer resoluten Putzfrau, die uns unbarmherzig jeden Morgen in aller Herrgottsfrühe mit Staubsaugergedröhn aus dem Bett warf und notfalls auch das Bett frisch bezog, während man sich noch in der Tiefschlafphase befand oder den Rotwein-Rausch der letzten Nacht ausschlief.

In der Ferne ertönte das Signalhorn eines Ausflugsdampfers. Der zweistöckige Riesen-Katamaran legte auf der anderen Seite des Sees in Leoni ab, zog an der Roseninsel vorbei und fuhr weiter Richtung Tutzing und Bernried, wo er an sonnigen Tagen wie diesem Hunderte von Ausflüglern ausspuckte, die sich im *Museum der Phantasie* an expressionistischen Gemälden und Kunstsammlungen ergötzen würden. Später würden sie irgendwo am See Eis, Kaffee und Kuchen und den schönen Blick genießen und sich insgeheim vorstellen, wie es wäre, für immer hier an diesem traumhaften Fleck Erde zu leben. So wie ich. Ich wollte hier nie wieder weg und hatte insgeheim beschlossen, mein Stipendium hauptsächlich dazu zu nutzen, um mir einen Millionär aufzureißen. Schließlich lebten am Starnberger See angeblich die meisten Millionäre Deutschlands. Da müsste es doch *einen* geben, der sich in eine nette junge Studentin verlieben würde!

Ich klappte das Notebook zu, betrat über die Veranda den Salon mit der langen Rittertafel und schritt über den roten Teppich die herrschaftliche Holztreppe hoch, wie schon vor mir viele berühmte Staatsoberhäupter aus aller Welt, als der damalige Bundeskanzler Willy Brandt während der Olympischen Spiele 1972 hier logiert und seine Amtskollegen zu Gesprächen empfangen hatte.

Mein Apartment lag im zweiten Stock der Villa an der Südseite. Gestern Nacht hatte ich wie alle anderen Stipendiaten begonnen, hektisch aufzuräumen, zu putzen und meine überall herumliegenden Klamotten in alte Truhen und Schubladen zu stopfen. Heute musste alles tipptopp sein. Immerhin hatte sich sogar die Lokalpresse angesagt.

Ich stellte das Notebook auf den blitzblank geputzten Tisch und öffnete ein neues leeres Dokument. Um das Notebook herum arrangierte ich ein paar unbeschriebene Blätter und legte den Flyer der Villa Waldberta aus, in dem die aktuellen Stipendiaten und ihre Projekte vorgestellt wurden.

Die neue Stipendiaten-Betreuerin, die kurz hereinschneite, um unauffällig den Zustand der Zimmer zu kontrollieren, runzelte angesichts des leeren Bildschirms und der leeren Blätter zunächst die Stirn, fand es aber dann unglaublich originell, als ich ihr erklärte, dass ich auf diese Weise später mit den Gästen in einen künstlerischen interaktiven Dialog treten wollte.

Die ersten Gäste waren bereits eingetroffen, flanierten im weitläufigen Park herum, sahen sich neugierig um und packten ihre Picknickkörbe auf dem Rasen unter uralten Schatten spendenden Bäumen aus.
Die Sonne brannte unbarmherzig vom Himmel, an dem sich immer noch kein Wölkchen zeigte. Es war ein perfekter Sommertag für das Sommerfest der hochherrschaftlichen Villa, die 1902 erbaut wurde und viele Jahre als Sommerresidenz einer deutschstämmigen New Yorker Society-Lady gedient hatte, die das Anwesen nach ihrem Tod der Landeshauptstadt München vermacht hatte.
Im Laufe ihrer bewegten Geschichte hatte die Villa Waldberta nicht nur Millionäre beherbergt, sondern auch ein Wehrmachts-Lazarett, KZ-Überlebende, das Olympische Organisationskomitee und Staatspräsidenten und Künstler aus aller Welt, darunter den ungarischen Literatur-Nobelpreisträger Imre Kertész.
Auch ich war jetzt ein Teil der Waldberta-Historie. Ich war eine der Stipendiaten, die jeweils drei Monate lang in dieser traumhaften Kulisse ein künstlerisches Projekt verwirklichen durften. Ich arbeitete

mit Hochdruck an meinem Projekt. War es nicht eine große Kunst, sich innerhalb von drei Monaten einen Millionär zu angeln?

Auf dem Weg nach unten traf ich im Treppenhaus den ukrainischen Videokünstler Juri, der niemals ohne seinen scheckkartengroßen *iPod nano Video* anzutreffen war und damit alles filmte, was er erlebte. Einige seiner Kurzfilmchen hatte er schon bei *YouTube* eingestellt.

Unten im Salon packten die rumänischen Klezmer-Musiker gerade ihre Instrumente aus. Hier würde nachher die Präsentation der Stipendiaten stattfinden. Ich war ein bisschen nervös. In weniger als zwei Stunden sollte ich aus meinem Waldberta-Projekt lesen, zu dem ich noch keine einzige Zeile geschrieben hatte.

Ich schlenderte in die Küche, wo wir sechs Stipendiaten oft nächtelang gemeinsam exotische Spezialitäten aus unseren jeweiligen Heimatländern in verrückten Kombinationen kochten und begonnen hatten, ein interkulturelles Waldberta-Kochbuch zusammenzustellen, das wir unseren Nachfolgern überlassen wollten. So gesehen entstand hier während meines Aufenthalts ja vielleicht doch noch ein Buch von mir.

In der Küche war ein riesiges Buffet mit bunten Salaten, Schnittlauchbroten, Torten, Kuchen und Getränken aufgebaut. Ich nahm mir ein Stück Erdbeersahne-Biskuitrolle vom Tablett. Nach dem ersten Bissen war es bereits um mich geschehen. Dieser watteweiche Kuchen war ein Traum! Der Hausmeister, der die Biskuitrolle mit frischen selbst gepflückten Erdbeeren höchstpersönlich gebacken hatte, freute sich über mein überschwängliches Lob, zierte sich aber, mir das Rezept für das Waldberta-Kochbuch zu verraten. Während ich meinen ganzen Charme einsetzte, um ihm das Rezept zu entlocken, steckte Juri seinen Kopf durch die Tür. »Die Betreuerin sucht dich. Jemand von der Presse möchte ein Interview mit dir machen!«

Ich schnappte mir noch ein Stück Biskuitrolle und ging über die Veranda hinaus in den Park, wo ich die Presseleute vermutete. Gloria, die riesige schwarz-weiße Landseer-Hündin des Hausmeisters, wuselte schwanzwedelnd zwischen den Gästen herum und ergatterte hier und da ein Häppchen. Plötzlich lief sie auf die Betreuerin zu, die sich am Muschelbrunnen mit einer Frau unterhielt. Wahrscheinlich war das die Journalistin. Ich wollte mich gerade dazu gesellen, als sich die Frau umdrehte und mir direkt ins Gesicht sah. Ich erstarrte vor Schreck.

»Heleeeene!«, sagte sie gedehnt. »Was machst *du* denn hier?«

Die Biskuitrolle fiel mir aus der Hand. Das Schmatzen von Gloria füllte die peinliche Stille. Mir wurde heiß und kalt.

»Ich – äh – hab hier ein Stipendium«, brachte ich hervor.

Arianes Augenbrauen schnellten in die Höhe.

»*Du*?«, entfuhr es ihr.

»Ihr kennt euch?«, fragte die Betreuerin. »Wie lustig!«

»Wir haben uns im letzten Jahr in einer Schreibgruppe an der Uni kennengelernt«, sagte Ariane und durchbohrte mich förmlich mit ihren Blicken.

»Ach, Sie schreiben auch?«

Ariane nickte und ließ mich nicht aus den Augen. »Ich wollte mich sogar für ein Stipendium hier an der Villa Waldberta bewerben. Dummerweise hatte ich den Umschlag mit den Bewerbungsunterlagen nicht richtig frankiert, so kam er nach drei Wochen zu mir zurück. Ich hatte auf dem Umschlag keinen Absender angegeben, und es dauerte ewig, bis die blöde Post meine Adresse ermittelt hatte. Dann war es zu spät. Aber vielleicht versuche ich es nächstes Jahr noch mal.«

»Unbedingt!«, ermunterte sie die Betreuerin. »Worum geht es in Ihrem Projekt?«

Ariane holte Luft. »Meine Geschichte handelt von...«

»Komm, ich zeig dir mein Apartment!«, unterbrach ich sie blitzschnell. »Und du musst unbedingt diese himmlische Erdbeersahne-Biskuitrolle probieren, die ist nämlich gleich aus. Bewerben kannst du dich ja später immer noch!«

Ich packte sie am Handgelenk und zog sie energisch fort.

»Hey, was soll denn das?!« Ariane löste unwirsch ihren Arm aus meiner Umklammerung und rieb ihren Arm, auf dem sich die Abdrücke meiner Finger abzeichneten.

»Sorry, aber – du musst unbedingt diese geniale Biskuitrolle versuchen. Und dann zeige ich dir das ganze Haus und den Turm, der eigentlich geschlossen ist. Okay?«

Sie sah mich von der Seite an. »Okaaaay...«, antwortete sie. »Gehen wir.«

Wie ich befürchtet hatte, war die Biskuitrolle tatsächlich inzwischen aus. Ariane folgte mir in den zweiten Stock, wo sich eine Menschentraube neugierig vor den Künstler-Apartments versammelt hatte.

»Gehen Sie ruhig hinein«, ermunterte ich ein Grüppchen, das vor meiner weit geöffneten Tür stand und sich nicht so recht hineintraute. Es war mir ganz recht, dass ich mit Ariane nicht allein sein musste.

»In diesem Gemach hat Willy Brandt während den Olympischen Spielen '72 genächtigt!«

Das stimmte zwar nicht, machte aber guten Eindruck. Die Leute betraten ehrfurchtsvoll mein sonnendurchflutetes Apartment mit den raumhohen Bogenfenstern. Neugierig bestaunten sie mein Bett, mein Bad, meine Bücher, bewunderten den unglaublichen See- und Alpenblick, berührten verstohlen die alte Kommode, wo der gute Willy damals vielleicht wirklich seine Socken aufbewahrt hatte, und scharten sich schließlich um meinen Arbeitstisch. Fasziniert und verwirrt zugleich starrten sie auf den leeren Bildschirm meines Notebooks. Ich erklärte ihnen, dass es sich hierbei um ein Kunstprojekt handelte, faselte irgendwas von Intertextualität und forderte sie auf, mit mir über Tastatur und Bildschirm in einen interaktiven Dialog zu treten.

Während ich noch ein paar verschwurbelte germanistische Worthülsen fabrizierte, die ich mal irgendwo in einem Seminar oder sonst wo aufgeschnappt hatte, spürte ich Arianes Blick im Rücken. Unauffällig ließ ich während meines kleinen Vortrags die Flyer der Villa Waldberta mit meiner Projektbeschreibung in der obersten Schublade meines Schreibtischs verschwinden.

Ariane ließ ihren Blick durchs Zimmer schweifen. »Nett«, sagte sie. »Wirklich nett.« Täuschte ich mich, oder vernahm ich einen spöttischen Unterton?

Von unten ertönte der Gong. »Gleich geht's los«, sagte ich, und in diesem Moment wurde mir klar, dass ich sehr schnell eine Lösung für mein Problem finden musste. Sonst könnte ich noch heute meine Koffer packen.

Wir gingen nach unten in den Salon, der schon jetzt aus allen Nähten platzte. Die Klezmer-Musiker stimmten ihre Instrumente. Gleich nach dem ersten Set von drei Liedern sollte ich aus meinem Waldberta-Projekt lesen.

»Ich hab mein Manuskript oben vergessen«, sagte ich zu Ariane und lief hoch in mein Apartment, wo sich ein junges Pärchen in meinem Bett vergnügte.

»Lasst euch nicht stören«, sagte ich, ging ins Bad und spritzte mir eiskaltes Wasser ins Gesicht. Verdammt, warum musste sie ausgerechnet jetzt hier auftauchen?

Unten hatte die Veranstaltung begonnen. Die Leiterin der Villa Waldberta hielt eine kleine Rede, einzelne Satzfetzen drangen durch das offene Fenster. Daraufhin setzte die Musik ein. Mein Auftritt nahte unaufhörlich. Mir wurde schlecht.

Ich überließ mein Apartment dem verliebten Pärchen, ging wieder hinunter in den Salon und kämpfte mich durch die Menschenmenge bis zur Bühne vor. Die Betreuerin verdrehte die Augen, als sie mich sah. »Endlich! Wir suchen Sie schon überall! Haben Sie etwa Lampenfieber? Sie sind ja ganz grün im Gesicht!«

»Mein Manuskript ist verschwunden!«, antwortete ich mit gespielter Verzweiflung. »Ich hatte es vorhin ausgedruckt und neben das Notebook gelegt, und jetzt ist es weg. Offenbar hat es jemand geklaut.«

Sie starrte mich ungläubig an. »Das ist ja nicht zu fassen. Aber warum drucken Sie es denn nicht einfach nochmal aus?«

»Weil – äh – die Druckerpatrone leer ist«, konterte ich lahm.

»Drucken Sie es doch schnell bei mir im Büro aus. Oder besser: Lesen Sie es einfach direkt vom Bildschirm ab! Das macht die ganze Sache noch authentischer!«

»Gute Idee«, sagte ich wenig begeistert. »Aber ich fürchte, mein Akku …«

Sie wischte meine Bedenken mit einer unwirschen Handbewegung beiseite. »Kein Problem!«, unterbrach sie mich. »Direkt neben der Bühne ist eine Steckdose. Sie holen Ihr Notebook, und der Hausmeister organisiert ein Verlängerungskabel.«

SOMMERGEWITTER **SABINE THOMAS**

In diesem Moment fing ich Arianes Blick auf. Sie saß in der ersten Reihe und schaute mich mit diesem herablassenden Jetzt-bin-ich-aber-mal-gespannt-Blick an, den sie auch im Schreibseminar immer aufgesetzt hatte, wenn jemand aus der Gruppe sein armseliges Geschreibsel vortrug. Ich erinnerte mich daran, wie sie meine Geschichte geradezu seziert hatte, bis am Schluss nur noch ein jämmerlicher Buchstabensalat übrig geblieben war.

Wie betäubt schob ich mich durch die immer dichter werdende Menge und überlegte auf dem Weg nach oben fieberhaft, wie ich aus dieser Nummer herauskommen sollte.

Als ich in mein Zimmer zurückkam, war das Pärchen verschwunden. Mein Bett war so zerwühlt, als hätte dort ein ganzes Rudel Affen herumgetobt. Mit zitternden Händen versuchte ich, eine Verbindung mit dem Internet herzustellen. Ich musste jetzt ganz schnell irgendwas aus dem Netz herunterladen, irgendeinen Text, egal was, Hauptsache irgendwas literarisch Verschwurbeltes, unveröffentlicht natürlich.

Ich tippte »Literatur+Textprobe« in die Suchmaske ein und wartete ungeduldig, während Google auf der Suche nach einem Text durch das World Wide Web pflügte.

Der lange Vorhang bauschte sich. Ich blickte aus dem Fenster. Draußen am Himmel braute sich langsam etwas zusammen. Dunkle Wolken hingen überm See.

»Suchst du vielleicht das hier?«

Ich wirbelte herum. Ariane lehnte an der Eingangstür meines Apartments und wedelte spöttisch lächelnd mit ein paar Blättern Papier.

»Deiner Betreuerin ist gerade eingefallen, dass sie ja eine Kopie deines Bewerbungstextes in einem Ordner abgeheftet hatte. Sie hat mir das Manuskript in die Hand gedrückt und gesagt, dass ich dich schnell holen soll.«

Ich spürte, wie mir das Blut aus dem Gesicht wich.

»Natürlich konnte ich nicht widerstehen, einen Blick auf dein Werk zu werfen«, fuhr sie genüsslich fort. »Im Schreibseminar warst du ja nicht gerade die große Leuchte. Erstaunlich, dass ausgerechnet *du* es geschafft hast, dieses heiß begehrte Literaturstipendium zu ergattern und den Sommer in dieser wunderschönen Villa zu verbringen.«

Schon im Schreibseminar war sie vom Dozenten für ihren meisterhaften Spannungsaufbau gelobt worden. In der Ferne grollte der Donner.

Ariane holte tief Luft fürs furiose Finale. »Du hast dir nicht mal die Mühe gemacht, meinen Text zu verändern. Selbst den Titel der Geschichte hast du unverändert übernommen. Ach nein, pardon, gerade habe ich eine winzig kleine Änderung entdeckt, kaum der Rede Wert: Mein Name wurde durch deinen ersetzt.«

In diesem Moment krachte direkt über uns ein Donner-Stakkato, ein greller Blitz zuckte. Ariane fuhr vor Schreck zusammen. Ich nutzte diesen Moment, stürzte mich auf sie, riss ihr das Manuskript aus der Hand und stürmte aus dem Apartment, rannte über die Galerie, hetzte unter dem wilden Gejaule der Klezmer-Musik die Wendeltreppe hoch ins Turmzimmer und riss die unscheinbare Tapetentür auf, die zum Bellevue führte. Der Schlüssel steckte. Gott sei Dank. Mein Plan würde aufgehen: Ich würde Ariane in den Turm locken und dann dort einsperren, zumindest bis zum Ende der Veranstaltung. Dann würde man weitersehen. Vielleicht könnte ich später in Ruhe mit ihr über die Sache reden und sie davon überzeugen, die Klappe zu halten. Wenigstens für den Rest meines Stipendiums.

Hinter mir rumpelte es. Sie hatte die Tapetentür aufgerissen und setzte mir nach. Auf der letzten Stufe hatte sie mich beinahe eingeholt.

»Du Betrügerin! Ich mach dich fertig!«, schrie sie. »Du bist erledigt! Und zwar für immer!«

So kurz vor dem Ziel würde ich nicht aufgeben. Ich wirbelte herum und versetzte ihr einen so heftigen Tritt, dass sie ihr Gleichgewicht verlor und mit wild rudernden Armen rückwärts die steile Treppe hinabstürzte. Ihr Kopf schlug hart auf. Mit weit geöffneten Augen blieb sie unten am Treppenabsatz reglos und merkwürdig verdreht liegen. Aus ihrem Hinterkopf sickerte Blut.

Die wilde Klezmer-Musik brach ab, die Menge johlte und klatschte.

Schwer atmend klammerte ich mich am Treppengeländer fest.

Dann holte ich tief Luft, sammelte die Blätter ein, die über den Boden verstreut lagen, stieg vorsichtig über Arianes Leiche, schloss die Tür hinter mir und hängte das ›Zutritt verboten‹-Schild wieder an die Klinke. Dann zog ich schnell meinen Lippenstift nach und ging hinunter in den Salon.

Die Musiker waren inzwischen schweißgebadet und schienen ebenso erleichtert wie die Betreuerin, mich zu sehen.

»Na endlich! Das wurde auch langsam Zeit. Wo ist Ihre Freundin? Sie wollte mir vorhin unbedingt etwas ganz Wichtiges sagen, als ich ihr das Manuskript gab, aber in diesem Moment musste ich den Kulturreferenten und die Leiterin der Villa Waldberta begrüßen. Sollen wir auf Ihre Freundin warten?«

»Nein, das ist nicht nötig«, antwortete ich und versuchte, mir meine Erleichterung nicht anmerken zu lassen. Das war gerade nochmal gut gegangen. Jedenfalls für mich. »Sie ist in den Turm hoch gegangen, um dort oben das Gewitter zu fotografieren. Aber keine Sorge, sie verpasst nichts. Sie kennt meine Geschichte bereits.«

Bevor ich die Bühne betrat, glitt mein Blick aus dem Fenster über den schwarz glänzenden See, auf dem ein Dampfer seine Runde zog. Ganz weit hinten an den Alpen war der Himmel schon wieder aufgeklart.

Meine Hände zitterten nur leicht, als ich das Manuskript glatt strich und unter tosendem Applaus die Bühne betrat.

HENRIKE HEILAND
STARNBERGER STRAFVOLLZUG

Dramatis Personae:

Putzfrau Danka (57)
Polizeihauptkommissar Xaver-Maria Zöpfl (45)

Polizeiinspektion Starnberg am heißesten Tag im Jahr. Danka und PHK Zöpfl sitzen im Vernehmungsraum, dem einzigen Raum mit einem funktionierenden Ventilator.

Z: Also, Sie wollten eine Anzeige aufgeben. Wer hat Ihnen denn was getan?
D: Nein, wollt ich mich anzeigen mich.
Z: Ja. Ähm, also wen gleich wieder?
D: Mich. Zeig ich mich an *mich*.
Z: Sie … wollen sich selbst anzeigen? Eine Selbstanzeige, versteh ich das richtig?

D: Selbstanzeige. Ja. Wie sich das ist fir Leute mit zuviel Geld in Schweiz gehn zu Finanzamt fir sich anzeigen sich. Weißt du, Herr Wachtmeister?
Z: Polizeihauptkommissar. Sie ... haben Geld in der Schweiz?
D: Nein. Putz ich fir Leute die haben Millionen Geld in Schweiz. Ich nicht. Bin ich mich Putzfrau!
Z: Aber Sie wollen sich anzeigen.
D: Ja. Hat mich Herr Pfarrer gesagt ich soll.
Z: Der Herr Pfarrer schickt Sie also.
D: Ja. Hat mich gesagt, Danka, hat gesagt, kann ich dich nicht immer alles mit Ave Maria und Rosenkranz, musst du dich langsam selbst zu Polizei und anzeigen.
Z: Verstehe ... Was haben Sie denn getan? Haben Sie was gestohlen?
D *(entrüstet)*: Nix stehlen! Räum ich immer alles an Ort, wo war. Bei mir sich nix kommt weg!
Z: Was haben Sie denn getan?
D: Hab ich umgebracht Ehefrau.
Z *(schaut blöd)*: Welche Ehefrau? Also, ich geh mal nicht davon aus, dass Sie verheiratet sind ... Also mit einer Frau. Sie wissen schon.
D: Nein, nein, war ich verheiratet, aber dumme Mann, ist sich schon lang tot. Hab ich getetet Ehefrau von Herr Doktor Steinbeißer, von Herr Waldgruber, von

Herr Doktor Doktor Donner, ist sich Doktor von Hospital fir private Geisteskranke …

Z: Privatklinik für Psychiatrie.

D: … und die von Herr Professor Kreuth.

Z *(schweigt)*

D: Missen aufschreiben. Danka hat getetet Ehefrau.

Z: Wo Sie gerade den Herrn Doktor Doktor Donner erwähnen … Sagen Sie mir doch mal, woher Sie ihn genau kennen.

D: Bin ich mich Putzfrau!

Z: Aber mit seiner Klinik haben Sie jetzt so direkt … keine Erfahrungen gemacht?

D *(winkt ab)*: Aaach. Ist sich viel zu teuer fir mich, und muss ich mich auch nicht. Sagt Herr Doktor Doktor Donner immer, Danka, sagt er, bei mir sind sich nur die Ehefrau, sind alle plemplem von sich liegen zu viel faul auf Sofa.

Z: Aaah, ja. Nun, diese Damen, die Sie mir da aufgezählt haben, sind in der Tat alle kürzlich verstorben. Und Sie behaupten jetzt, dass Sie die …

D: Hab ich gemacht tot. Ja. Sah sich aus wie Unfall.

Z: Mh, ja. Dann erzählen Sie mal von vorne. Wie war das mit der Frau Steinbeißer, zum Beispiel?

D *(rollt mit den Augen)*: War sich so ein faule Kuh. Lag sich ganze Tag auf Sofa, sagt Danka hier, Danka da, Danka mach mich Silberbesteck putzen. Weißt du, Herr Wachtmeister, Danka hasst Silberputzen. Ist sich so schlimm fir mich! Silberputzen! Aber Steinbeißer Frau musst ich mich putzen immer die Silber. Auch wenn nie genommen hat zu essen. Immer muss ich mich putzen Silber. Warum? Weil kann mich nicht leiden. Sag ich ihr: Bitte, Frau, kein Silber, mach ich alles, nur nicht Silber. Sagt sie: Doch, bleibst du Stunde extra nur fir Silber. *(Tränen in den Augen)* Dumme Frau, das!

Z: Und Sie haben die Frau Steinbeißer umgebracht, weil Sie kein Silber mehr für sie putzen wollten?

D *(winkt ab)*: Naaa. Nur fir sagen was fir Frau, die Frau. War sich so. Steinbeißer Doktor war sich immer nette Mann. Zu mir, zu Frau, immer nette Mann. Aber Frau immer nein, nein, geh weg, will dich nicht kissen, geh weg. Steinbeißer Doktor traurig. Steinbeißer Frau sich gelegt ganze Tag auf Sofa und sich geschaut Fernseher. Nie war einkaufen, außer fir sich kaufen teuer Hose und Rock fir finfhundert Euro und spielen Tennis mit junge Mann von Nachbar.

Z: Da … seh ich jetzt immer noch kein Mordmotiv.

D: Ja. Kommt sich gleich. Frau immer hat beligt Mann, wenn sich war weg.

Z: Ähm. Meinen Sie betrogen?

D: Sag ich doch. Und war sich Steinbeißer Doktor so unglicklich, wenn kommt heim und findet Frau in Bett mit junge Mann von Nachbar. Groß Geschrei und …

Z: Sie waren dabei?

D: Ja, muss ich bringen Champagner wenn Frau mit Mann von Nachbar sich hat gemacht in Bett!

Z: Und … und dann kam der Herr Doktor Steinbeißer einmal früher zurück und hat die beiden überrascht?

D *(entrüstet)*: Ja! Die arme Mann! Wollt sich hängen in Dachboden! Hab ich ihn weggenommen Band!

Z: Strick!

D: Strick. War Band von Krawatte.

Z *(beeindruckt)*: Mit der Krawatte wollte er sich …

D: Ja! Sag ich zu Doktor: Wartest du, dann sich alles gut fir dich. Bist gute Mann, ist falsch, dich zu hängen.

Z: Und deshalb haben Sie dann die Frau Steinbeißer …

D *(nickt)*: War sich zwei Tag später. Hab ich was gemacht mit Toaster, kenn ich mich aus mit Gerät wo elektrisch.

Z: Aha?

D: Glaubst du oder nicht, war ich mich friher bei Siemens, nicht Putzfrau, war richtig Arbeit! An elektrisch Sache! War ich mich dabei in Prozess fir bauen elektrisch Maschine. Weiß ich wie geht mit Strom. *(nickt mit Nachdruck)* War mich nicht immer nur Putzfrau, ich.

Z: Äh, aha.

D: Also. Hab ich was gemacht mit Toaster. Weil, Steinbeißer Frau sich immer macht Toast. Macht selbst, wenn nicht ich da. Und dann, tot.

Z: Und der Herr Doktor Steinbeißer wusste Bescheid?

D: Naaa. Hab ich nix gesagt zu Doktor!

Z *(zögert)*: Na gut. Und die Frau Waldgruber?

D: Dumme Schlampe.

Z *(unterdrückt ein Lachen)*: Gnihija. Also. Frau Waldgruber. Wie war das?

D: War sich mit Spilmaschine. Hab ich Wasserschlauch lose und iberbrickt Sicherung, damit steht unter Strom die Wasser, wenn nächste Mal macht sich Geschirr.

Z: Ja, ich erinnere mich an den Fall … Und warum musste die Frau Waldgruber dran glauben?

D: Ging mich auf Nerv mit Mill. Danka, sagt sie, musst du trennen Mill. Sag ich: Trenn du selbst Mill, bring ich raus in Tonne. Sagt sie: Nein, werf ich Mill alles in eine Eimer, du trennen. Sag ich: Mach ich nicht, ist sich Gesetz in Deutschland, jede trennt sein Mill, muss ich mich zu Haus auch. Sagt sie: Wozu ich geb dir Geld, Danka, und dann schittet Mill auf Kichenboden fir mich sortieren!

Z: Das … kann ich mir bei der Waldgruber lebhaft vorstellen. Sie haben sie also wegen der Sache mit dem Müll …?

D: Naaa. Waldgruber Schlampe lag sich ganze Tag nur auf Sofa hat sich gelesen *Gala*. Wenn sich nicht liegt auf Sofa, dann sich kauft teuer Hose und Rock fir finfhundert Euro. Stick finfhundert Euro!

Z: Ja, ja, so ist das …

D: Ein Tag kommt sich Katze von Mann, Waldgruber Mann hat gern Katze, ist sich große scherze Katze mit lange Haar, viel Arbeit mit die Haar in Wohnung! Katze macht sich Geschäft in Rosen. Sagt Waldgruber Schlampe: Danka, mach weg Scheiße von Katze. Sag ich: Warum, ist gut fir Blumen, ist Dinger! Sagt sie: Mach weg die Scheiße! Sag ich: Nein, nicht netig! Wir Streit, und Woche später Katze ist sich tot in Garten! Hat Schlampe gemacht Rattengift! *(Tränen in den Augen)*

Z: Und dann haben Sie die Spülmaschine …

D: Musst ich! Fir Katze und fir Waldgruber Mann!

Z: Okaaay … Und die Frau vom Doktor Doktor Donner?

D: Dumm! Und faul! Lag sich ganze Tag auf Sofa, nix gemacht, nur sich geschrieben in Internet in Computer, ganze Tag nur in Computer, und manchmal sich gekauft Hose und Rock fir finfhundert Euro. Stick finfhundert Euro!

Z *(nachdenklich)*: Jaja … Das war die Sache mit dem Radio, das in die Badewanne gefallen ist, richtig?

D: Wenn ist so bled, hert Radio in Wasser!
Z: Wie kam's dazu, dass Sie die Frau Donner …?
D: Hat gemacht Kinder unglicklich.
Z: Stimmt, die hatte ja zwei Töchter.
D: War schlimm. Schlimm. Hat sich so gemacht Geschrei, und Kinder immer hat sich geweint und Angst vor eigene Mama. Frau hat immer gesperrt Kinder in Raum, von wo sonst ist sich Sauna! Dann ist sich gegangen weg, zu sich legen auf Sofa. Ganze Tag Kind sich gesessen in Sauna. War aber kalt, nicht heiß. Kleine Tochter war sich so schlimm, hat sich gehabt Ausschlag an Haut, weil Angst vor eigene Mama. Und große war sich mit Rasiermesser, hat sich geschnitten Haut an Arm und Bein, iberall Kratzer …
Z: Ach, die ritzt sich, die Tochter vom Donner?
D: Ja! Arme Kinder! Und Doktor Doktor nicht gewusst was sich macht mit Frau! Wollt schicken in Klinik fir Geisteskranke, aber Frau sagt: Nein, nein, lass mich.
Z: Aber da waren ja Sie mit dem Radio …
D: Hab ich nur gemacht kleine Änderung mit Steckdose, stand sich Radio ganz gewackelt, ist sich gefallen ganz leicht in Wasser. *(strahlt)*
Z: Sehr gut. Sehr … ähm … gar nicht gut! Das ist ja Vorsatz, und so weiter. Und die Frau vom Professor Kreuth, was war mit der?

D *(reißt die Augen auf)*: Wollt sich umbringen ihr eigene Mann!

Z: Was, der Professor wollte sich umbringen?

D: Naaa, wollt sich Frau von Professor umbringen ihr Mann! Mit Keks! Versteht sich nix, Herr Wachtmeister?

Z: Polizeihauptkommissar. Und: nein.

D: Also: Frau. Mit Keks. Totmachen. Professor.

Z: Aaahaaa. Und wie haben Sie das rausgefunden?

D: War sich so. Professor gesagt, Danka, machst du sauber iberall, aber in Schrank, da ist Kekse, nur fir Professor. Sag ich: Schade, Danka so gern isst Kekse! Sagt er: Nix die Kekse, nur fir Professor, sind fir sich entspannt wegen Frau immer so dumm. Weißt du, Herr Wachtmeister …

Z: Polizeihauptkommissar.

D: War sich so dumm, die Professor Frau. Lag sich ganze Tag auf Sofa und geschaut Prospekt von Museum Buchheim mit firchterlich Bilder wo kann schener malen mein Enkel ist sich drei Jahr alt. Nur manchmal ist sich gegangen weg fir Laufen in Wald und trinken Kaffee mit andere faule Weiber, und dann kauft sich Hose und Rock fir finfhundert Euro. Stick …

Z: Jaja …

D: Wenn Professor zu Haus, sie sagt: Nix in Kihlschrank, konnt ich nix kaufen, war ich ganze Tag zu tun! Und Professor muss sich selbst gehn zu einkaufen.

Z: Und die Kekse?

D: Ja. Lag sich in Schrank Keks. War selbst gemacht Keks von Professor. Frau kann nix kochen, ach was! War ganz kleine, runde Keks. War sich Professor weg fir ganze Woche, denk ich, ach, Danka, kannst du Keks, macht nix. Ess ich Keks, schmeckt sich gut! Dann ich mach weiter putzen, Bad und Kiche, und dann geht in Kopf rund und rund und rund! Weiß ich nix mehr, wo bin ich, was heiß ich mit Name, muss ich mich legen auf Sofa!

Z: Da lag doch schon die Frau Kreuth!

D: Naaa. War einkaufen fir viel Euro Schuhe. Leg ich auf Sofa, war mich sooo schlecht, hat gemacht Farben in Kopf!

Z: Ahaaa …

D: Wusst ich gleich: Ist sich Gift! Will Kreuth Frau teten die Mann! Musst ich was tun!

Z: Wenn ich mich recht entsinne, haben bei der Frau Kreuth leider die Bremsen von ihrem Porsche Cayenne versagt, weil ein Marder …

D: Nix Marder. War ich. Hat sich aussehen gemacht wie von Marder. War sich ganz leicht, hab ich mich genommen Schlissel fir Garage von große Porsche

Traktor, hat gefahren die Frau, dann gemacht Haube von Motor auf. Zack! Kein Mensch sich gemerkt, dass war ich!

Z: Soso. Ähm, Frau …

D: Danka.

Z: Frau … Danka. Ich fürchte, ich muss Sie da enttäuschen. Ich glaube nicht, dass Frau Kreuth ihren Mann umbringen wollte.

D: Dooooch! War Gift in Keks! Hab ich mich selbst gegessen!

Z: Ähm, naja, das hört sich eher nach Haschkeksen an. Und der Herr Professor ist, mal ganz unter uns, gerüchteweise bekannt dafür, dass er sich hin und wieder …

D *(panisch)*: Was? Drogen?

Z: So … in der Art. Ja.

D *(kreischt)*: Hab ich mich genommen Drogen?

Z: Ähm, ja. Doch.

D: Hab ich Frau von Professor ganz umsonst?

Z: Ach, wissen Sie, umsonst wäre jetzt Interpretationssache …

D *(denkt nach)*: Egal. Professor gute Mann. Frau dumm und faul. Ich immer muss putzen fir Frau, liegt auf Sofa und weiß nicht, wie man macht Fleck aus Teppich!

Z: Mhmmm.

D: So. Jetzt alles gesagt. Nimmst du mich fest, Herr Wachtmeister?
Z: Polizeihauptkommissar.
D: Jetzt sich gehn zu Gefangnis?
Z *(nachdenklich)*: Was ... hat denn der Herr Pfarrer da so genau noch mal zu Ihnen gesagt?
D *(überlegt)*: Sagt er: Danka, kann ich nicht mehr machen mit nur Ave Maria und Rosenkranz, reicht sich nicht. Musst du gehn zu Polizei und sagen Wahrheit.
Z: Sonst hat er nichts gesagt?
D: Hat gesagt: Danka, gehst du zu Herr Wachtmeister Zöpfl, der dich sagt was ist sich richtig. Und sagst du schen Gruß von Herr Pfarrer. Schen Gruß, Herr Wachtmeister!
Z *(sehr nachdenklich)*: Polizeihauptkommissar ... Ähm, haben Sie mit irgendjemandem außer dem Herrn Pfarrer darüber gesprochen? Mit den Ehemännern der ... Verstorbenen zum Beispiel?
D: Naaa! Nix gesagt! Seh ich glickliche Gesicht von Mann, ist mich genug Freude fir Rest von Leben! *(strahlt)*
Z: So. Na dann. Frau ... äh ... Danka. Hören Sie mir gut zu. Wir vergessen mal für einen Moment dieses Protokoll. *(knüllt Papier zusammen)*
D *(erschrocken)*: Nix! Macht kaputt! Dann ich muss noch mal von vorn!

Z: Moooment. Das hat schon alles seine Richtigkeit. Wissen Sie, Strafe ... und Gesetz ... das ist ja auch schon mal ... ich sag mal so: Auslegungssache. Verstehen Sie mich?
D *(überlegt)*: Nein.
Z: Na ja. Sie haben doch zum Beispiel, ich sag mal so, die Dinge selbst in die Hand genommen. Richtig?
D *(nickt eifrig)*: Glaubst du oder nicht, war ich nicht immer Putzfrau! War ich bei Siemens, kenn ich mich gut mit Elektrik!
Z: Ja. Ja. Also ... Sie waren ja erst bei dem Herrn Pfarrer, um mit ihm über Ihre ... Sünden zu reden.
D: Bin ich gute Katholik. Geh ich immer zu Beichte und mach ich immer, was sagt Herr Pfarrer.
Z: Prima. Und der Herr Pfarrer hat gesagt, Sie sollen mit *mir* reden.
D: Sagt Herr Pfarrer, Danka, musst du tun Sachen fir zu vergeben Sinde bei Polizei, nicht nur bei Gott.
Z: Sehr gut. Ich sage Ihnen jetzt, wie wir das machen, mit dem Vergeben. Wissen Sie, ich hätte da nämlich gerade durchaus Bedarf an einer Eins-A-Reinigungskraft. Und Sie haben ja nun die besten Referenzen ...
D: Ja! Putz ich Professor, Doktor, Doktor Doktor, und eine ist wichtige Mann bei Firma ...
Z: Ganz genau. Wann können Sie anfangen?

D *(misstrauisch)*: Das ist Strafe? Muss putzen bei Herr Wachtmeister?
Z: Polizeihauptkommissar. Ja.
D *(nachdenklich)*: Bist du dich verheiratet?
Z *(schaut an die Decke)*: Möglicherweise …
D *(versteht)*: Liegt sich Frau *meglicherweise* ganze Tag wie Walross auf Sofa?
Z *(pfeift vor sich hin)*
D: Kauft sich Schuh und Rock und Hose fir viel Geld?
Z *(kratzt sich am Kinn)*
D: Du, Herr Wachtmeister …
Z: Polizeihauptkommissar.
D: Kannst du doch selbst. Weißt du, wie macht man, ohne merkt einer.
Z: Danka. Der Herr Pfarrer hat Ihnen doch gesagt …
D *(rollt die Augen)*: Muss ich erst gucken in Plan, wann ich hab Zeit fir Putzen auch noch bei Herr Wachtmeister.
Z *(erstaunt)*: Sind Sie so ausgebucht?
D: Nach Tod von Waldgruber Frau hat sich angerufen der Herr Meininger, der Herr Doktor Kempfer, der Herr Direktor Bodenstedt, und auch noch zwei Herr aus Minchen-Solln. Zahlt Taxi nach Minchen und alles drumrum.
Z: Aber vielleicht könnten Sie mich ja noch irgendwo… reinquetschen?

D *(steht auf)*: Guck ich nach und ruf ich dich an, Herr Wachtmeister.
Z: Polizeihauptkommissar.
D: Reicht sich, wenn anruft nächste Woche?
Z: Sehr gut. Sehr gut. Also dann …
D: War mich große Freude. Und danke fir Vergebung und Strafe!
Z: Aber gerne doch. Sehr gern.

HARRY LUCK
SILVER SURFER

Man kann nicht sagen, dass sie sich gut fühlte. Als Doppelmörderin. Es war für Susanne gewiss nicht vorherzusehen gewesen, dass diese Geschichte so enden sollte. Denn alles hatte so harmlos und unverfänglich angefangen. Mit einem Volkshochschulkurs.

Schon vor einigen Jahren, kurz nach ihrem 50. Geburtstag, war das Weiterbildungsverzeichnis der *VHS Starnberger See* Susannes Lieblingslektüre geworden. Die Kinder waren aus dem Haus, studierten in Hannover und Manchester, der Mann arbeitete unter der Woche als Programmierer in Berlin, lebte dort in einem von der Firma bezahlten und für ihn dauerhaft reservierten Hotelzimmer und kam jeden Freitag mit der S-Bahn um 20.28 Uhr an dem einsamen Bahnsteig an. Als Susannes Hausfrau- und Mutterqualitäten in der Doppelhaushälfte mit Carport, Vorgarten und Blick auf das Schloss Possenhofen nicht mehr gefragt waren, hatte sie das Motto des lebenslangen Lernens für sich entdeckt. Das wurde ja auch von den Politikern immer wieder propagiert, allerdings wohl unter anderen Vorzeichen. Denn ins Berufsleben würde Susanne Simnacher nie mehr zurückkehren.

Und was heißt hier überhaupt zurückkehren? Sie war ja niemals richtig drin gewesen.

Nach der Realschule hatte sie erst eine Schneiderlehre angefangen, später eine Ausbildung zur Krankenschwester gemacht. Nach drei Jahren Wechselschichtdienst im Rechts der Isar hatte sie – ganz klassisch – den Chefarzt geheiratet. Dann nach neun Jahren – ebenfalls klassisch – die Scheidung. Der schöne Herzchirurg hatte sich nicht nur darauf spezialisiert, am offenen Herzen zu operieren, sondern auch die Herzen der jungen Lernschwestern zu brechen.

Ihre zweite Ehe mit dem Diplom-Informatiker Rudolf Simnacher war da etwas bodenständiger. Er war nicht der Typ dafür, die Herzen kleiner Mädchen oder stolzer Frauen zu brechen. Mit Ende 40 hatte er bereits eine Dreiviertelglatze, die er selbst seit Jahren sehr euphemistisch als Halbglatze bezeichnete. Und weil er sich in Berlin seine Kleidung im Kaufhof am

Alex immer selbst kaufte, war nicht damit zu rechnen, dass er mal etwas anderes als hässliche karierte Oberhemden trug, in denen er seinen an Volumen ständig zunehmenden Bierbauch verpackte und somit seine Attraktivität auf das weibliche Geschlecht sehr in Grenzen hielt. Daher machte sie sich keine Gedanken über mögliche Seitensprünge oder Eskapaden ihres Gemahls in der Hauptstadt, während sie selbst nach einer Beschäftigung suchte, ihre grenzenlose Freizeit sinnvoll auszufüllen.

Ihre einzige Freundin und Nachbarin Leonore hatte – ganz klassisch – einen Töpferkurs empfohlen. Aber das hatte sie ebenso empört zurückgewiesen wie den Gesangsverein und die Meditationsgruppe der Arbeiterwohlfahrt in Starnberg. Erst als sie das VHS-Verzeichnis in die Hand bekam, tat sich dort eine wahre Fundgrube an kreativen und abwechslungsreichen Möglichkeiten der Freizeitgestaltung auf.

Seit nunmehr vier Jahren wartete Susanne jeden April voller Spannung auf die neuen Angebote für das Frühjahrssemester. Vor drei Jahren hatte sie ›Chinesisch für absolute Anfänger‹ belegt. Danach eine Vortragsreihe über die Indianerkulturen Nordamerikas. Mit einem Small-Talk-Seminar ›Kontakte knüpfen – auf andere zugehen‹ hatte sie gedacht, sich neue Freundschaften aufbauen zu können. Doch was nutzte ihr die perfekte Beherrschung sämtlicher Small-Talk-Techniken, wenn sich niemals die Gelegenheit bot, sie gewinnbringend anzuwenden? Denn bevor sie ihren allradbetriebenen Jeep in Bewegung setzte, um die idyllische Landschaft am Seeufer zu verlassen und sich in Schwabing in eine Kneipe zu setzen – als Frau ohne Begleitung – nein, da hoffte sie doch mehr darauf, in einem der netten VHS-Kurse, die sie immer wieder nach Starnberg verschlugen, einen ebenso bildungshungrigen und intellektuellen Menschen wie sie kennenzulernen.

Als im vergangenen April der neue VHS-Katalog ins Haus flatterte, hatte sie zwei Angebote in die engere Wahl genommen. Vielleicht hätte es ihre Lebenserwartung um einige Jahrzehnte verlängert, wenn sie das Angebot ›Mehr Erfolg durch positive Energie‹ einer Dozentin, die sich selbst als »Ausstrahlungskönigin« betitelte, angenommen hätte. Stattdessen entschied sie sich dafür, sich einem Thema zuzuwenden, das sie bislang kompromisslos aus ihrem Leben ausgeschlossen hatte: das World Wide Web.

Und so meldete sie sich an für den Kurs ›Einstieg in das Internet für Menschen über 50‹. Klingt vollkommen harmlos und keineswegs lebensgefährlich.

Zehn Teilnehmer hatten sich zusammengefunden, die sich fortan jeden Dienstagabend im Computerraum der VHS in Starnberg trafen und grundlegende Dinge lernten wie: Wo finde ich Nachrichten und Wetterberichte im Netz? Wie unterscheide ich eine E-Mail-Adresse von der Adresse einer URL? Wie richte ich ein RSS-Feed ein – nachdem eine Unterrichtseinheit dafür nötig war, allen zu erläutern, was ein RSS-Feed überhaupt ist und was URL bedeutet. Es dauerte ein paar Wochen, bis alle ›Silver Surfer‹ – so nennt die Cyber-Industrie die User, die dem jugendlichen Zielgruppenalter auf natürliche Weise entronnen sind – das Internet nicht mehr als mystisches Ungeheuer betrachteten, sondern als sinnvolles und nützliches Werkzeug für ungeahnte Möglichkeiten.

Erwin, ein grauhaariger freundlicher Herr aus Tutzing, schwärmte Susanne nach dem vierten Kursabend vor, wie er mit seinem Schachpartner aus Aserbaidschan jetzt von Telefon- auf E-Mail-Partien umgestiegen sei.

»Sie glauben gar nicht, was das an Kosten spart«, sagte Erwin, während er Susanne zu ihrem Wagen begleitete. »Bislang haben wir uns die Züge täglich per SMS zugeschickt, jetzt schreiben wir E-Mails – und das kostet überhaupt nichts.«

Susanne nickte scheinbar interessiert. Sie hatte

noch nie Schach gespielt und würde es auch nie tun wollen. »Ich lege manchmal Patiencen«, sagte sie und schloss ihren Wagen auf.

»Das geht auch hervorragend am PC«, sagte Erwin. Vielleicht war er einer dieser Gesellen, die beim VHS-Kurs auf Brautschau gingen. Doch einen Schachspieler fand Susanne in etwa so sexy wie das Börsenblatt von Kirgisien – falls es dort so etwas geben sollte. Ebenso unsexy war Erwins silbergrauer Passat Variant, mit dem er nach Hause fuhr. Er sei Beamter, hatte er ihr mal in einer Unterrichtspause erzählt. Also gelebtes Spießertum und Langeweile. Vielleicht wäre es besser für sie gewesen, Erwin nicht mit einem höflichen »Bis nächste Woche« abzuspeisen. Als präventive Maßnahme sozusagen. Stattdessen nahm das Verhängnis unbemerkt weiter seinen Lauf.

Nein, nein, nicht was Sie jetzt denken! Es geht hier nicht um so etwas Banales wie Internetsucht. Es geht um Mord. Aber alles der Reihe nach.

Daheim hatte Susanne den Steinzeit-Computer ihres Sohnes aus dem Keller hervorgeholt und mit dem dazugehörigen Steinzeit-Modem ans Internet angeschlossen. Sie wusste nicht genau, was 14.400 bps bedeutete. Schritt für Schritt folgte sie den Anweisungen des Merkblattes, das sie aus dem Kurs mitgebracht hatte. Das Ergebnis war jedoch frustrierend. Sie tippte die URL – allerdings hatte sie wieder vergessen, wofür diese Abkürzung stand – der Homepage ihrer Lokalzeitung in den Browser ein. Und es geschah – nichts. Hier und da blinkte mal ein kleines Werbekästchen auf, ansonsten war nur die Sanduhr zu sehen, die anzeigte, dass der Computer zwar intensiv beschäftigt war, das Ergebnis für den Anwender aber noch auf sich warten ließ. Auch mit ihrem Anfängerwissen war ihr schnell klar: Ihre Hardware war nicht mehr up to date. Sie brauchte eine schnelle Leitung, um das anzuwenden und auszuprobieren, was sie Woche für Woche im Kurs lernte.

Einschlägige Geschäfte gab es auf der Kaufingerstraße in München zuhauf. Nur die Auskunft war überall gleich: DSL-Anschlüsse auf dem Land sind noch nicht flächendeckend vorhanden. Schade. Aber ISDN wäre auch schon ein Fortschritt.

Bis zum nächsten Kurstreffen war die Leitung installiert.

»Wir wollen uns heute mal den Bereichen zuwenden, die mehr mit Unterhaltung zu tun haben, aber dennoch einen Großteil des Internets ausmachen«, sagte der Kursleiter, und Susanne verstand den Widerspruch nicht.

War denn nicht das Internet ein großes weltumspannendes Unterhaltungsmedium? Nach diesem Abend kannte sie die Adressen der wichtigsten Chatrooms, wusste, wie man Messenger, ICQ oder MSN installierte, und auch ein paar Flirt- und Kuppelseiten waren auf dem Merkblatt notiert.

Und noch am selben Abend traf sie ›AlleinDelon‹.

Er war ein geschiedener 41-Jähriger aus Bremen und hatte sie sofort angesprochen, als sie unter dem Namen ›Sisi38‹ den Chatroom betreten hatte.

›Heißt du Sisi?‹, fragte er.

›Ja‹, log sie.

›Bist du 38?‹, fragte er.

›Ja‹, log sie. Und die zweite Unwahrheit kam ihr bereits viel leichter über die Lippen, oder besser gesagt: über die beiden Zeigefinger, mit denen sie in ihre PC-Tastatur tippte. Dabei wollte sie nur nicht Susi schreiben und hatte deshalb den Namen der Kaiserin eingegeben, die 1869 erstmals mit einem Salonwagen nach Possenhofen gekommen war und dort im Schloss ihre Sommermonate verbracht hatte. Heute war das schmucke Schloss in vermutlich unbezahlbare Eigentumswohnungen aufgeteilt. Die Zahl hinter dem Namen hatte ihr der Chat-Server automatisch zugeteilt, weil es wohl schon 37 andere Chatter gab, die sich diesen Namen zugelegt hatten. ›AlleinDelon‹ hingegen war wirklich ein origineller Nickname.

›Bist du Fan von Alain Delon?‹

›Nein. Ich bin nur allein. Und du?‹

›Ich auch.‹

Susanne konnte sich nicht vorstellen, dass es Menschen gab, die stundenlang vor der Kiste saßen und derart belangloses Geplänkel in die Tasten hämmerten.

Siebeneinhalb Stunden später wusste sie alles über ›AlleinDelon‹. Oder besser: alles, was Bernd über sich preisgeben wollte. Nach knapp vier Stunden hatte sie bereits zum ersten Mal angekündigt, dass es für sie zu spät werde und sie ins Bett gehen wolle. Doch Bernd hatte es verstanden, sie Satz für Satz mit seiner charmant-locker-frivolen Art weiter im Netz zu halten. Jede Frage zog eine neue Antwort und eine neue Frage nach sich. Stunde um Stunde. Noch nie hatte Susannes Espresso-Maschine eine halbe Nacht im Dauerbetrieb gearbeitet.

Und als sich Bernd gegen vier Uhr morgens verabschieden musste – er wollte vor der Arbeit wenigstens noch drei Stunden schlafen –, verspürte sie tatsächlich so etwas wie Trennungsschmerz. Als sie nach ausführlicher Bussi-bis-bald-Verabschiedung wenige Minuten später vor dem schwarzen Monitor saß, glaubte sie, geträumt zu haben. Sie hatte sich die halbe Nacht einem Wesen hingegeben, von dem sie nicht sicher wissen konnte, ob es wirklich ein Mann war. Oder ein Teenager, der sich einen Spaß erlaubte. Aber nein, dieser Charme, diese sympathische Art. Das konnte nicht gespielt sein!

Susanne war todmüde. Fünf Minuten brauchte sie noch, um sich eine web.de-Adresse einzurichten. Das hatten sie in der vorletzten Kursstunde gelernt. Sie suchte die entsprechenden Notizen aus der Schublade des Küchentisches.

Wenige Minuten später war sie erreichbar unter sisi38@web.de. Und die erste E-Mail von dieser Adresse ging an allein-delon@gmx.com.

Am nächsten Morgen wachte sie um kurz vor neun auf. Genau wie sie hatte sich auch die Espresso-Maschine von den Ereignissen der letzten Nacht noch nicht erholt. Diesen Eindruck erweckte jedenfalls das müde Krächzen, mit dem die Maschine das Befüllen der ersten Tasse begleitete. Susanne holte in ihrer Bügelkammer den Staubsauger hervor. Der kann auch im Keller stehen, dachte sie. Dann räumte sie die Oberfläche eines seit Jahren unbenutzten Schminktisches frei und prüfte die Entfernung zur nächsten Steckdose. Sie musste den Tisch etwa anderthalb Meter Richtung Fenster verschieben, damit sie mit einer Mehrfachsteckdose ihre PC-Anlage anschließen konnte.

Susanne hatte jetzt einen Computerraum. Die Anleitung zur Installation des WLAN war auch brauchbar. Eine halbe Stunde später war alles so weit eingerichtet, dass sie Ihren E-Mail-Account aufrufen konnte.

»1 ungelesene E-Mail«, las sie erfreut, und ihr Herz klopfte schneller.

›Liebe Sisi! Ich bin so froh, dass Du Dich gemeldet hast. Noch nie ist eine Nacht schneller verflogen als die vergangene. Ich habe jedes Deiner Worte genossen und aufgesogen. Heute früh in der Arbeit habe ich unser Gespräch noch mal komplett gelesen. Und ich weiß ganz sicher: Du bist ein besonderer Mensch, und ich bin dankbar, dich in den endlosen Weiten des Internets kennengelernt zu haben. Ich hoffe, wir treffen uns bald wieder. Dein Bernd‹

Der Cursor bewegte sich zielsicher auf das Feld ›Antworten‹.

Und so geschah es noch mehrmals an diesem Tag, von dem sie am Mittag noch nicht sagen konnte, ob er sonnig oder regnerisch war. Als Bernd ihr in der siebten E-Mail schrieb, dass er jetzt in die Kantine zum Mittagessen ging, fiel Susanne auf, dass sie bis auf die Tasse Espresso noch nichts zu sich genommen hatte. Dann öffnete sie die Rollläden und war nicht überrascht, dass es ein Regentag war. Also kein Grund, das Haus zu verlassen. Sie hatte schließlich Internet.

Susanne wunderte sich, wie viel Zeit Bernd während der Arbeit zum E-Mail-Schreiben hatte. Er war vermutlich in einer leitenden Position, in der niemand genau überwachte, wie er seine Zeit im Büro verbrachte. Für den Abend hatten sie sich wieder zum Chat verabredet. So ging es Tag für Tag. Den nächsten VHS-Kurs ließ sie sogar ausfallen, um den Abend mit Bernd verbringen zu können. Als es Freitag war, fiel ihr auf, dass sie die ganze Woche das Haus nicht verlassen hatte. Wozu auch? Bei www.tengelmann.de stellte sie sich per Mausklick den Wocheneinkauf zusammen, der ihr bald darauf ins Haus geliefert wurde. Sie bestellte entsprechend weniger zu Essen, weil ihr Mann Rudolf eh übers Wochenende auf einer Fortbildungsveranstaltung war.

Am Montag stellte Susanne fest, dass sie ihren Mann das ganze Wochenende über keine Sekunde vermisst hatte. Im Gegenteil. Es war geradezu entspannend gewesen, am Sonntag ohne Diskussion einen Rosamunde-Pilcher-Film anschauen und vorher auf die obligatorische Sportschau verzichten zu können. Zum Glück musste sie auch niemandem erklären, warum sie sich spätestens nach einer Stunde Fernsehen wieder an ihren Rechner ins Bügelzimmer setzte, um eine E-Mail abzurufen und diese postwendend zu beantworten.

Bernd alias ›AlleinDelon‹ war in kürzester Zeit zum Mittelpunkt ihres Lebens geworden. Dabei wusste sie noch nicht einmal, wie ihr Traumprinz aussah. Und er hatte auch kein Bild von ihr. Susanne beschloss, am kommenden Dienstag wieder den VHS-Kurs zu besuchen. Denn auf dem Lehrplan stand das Thema: ›Verschicken und Empfangen von digitalen Fotos über das Internet‹.

Erwin war so nett, ihr zu zeigen, wie man mit ihrem Handy Fotos machen und auf den PC übertragen konnte. Und so kam es, dass noch in der Nacht zu Mittwoch an die Adresse allein-delon@gmx.com eine E-Mail mit einem zwölf Megabyte großen Foto im Anhang verschickt wurde.

›PS: Kriege ich auch ein Bild von Dir?‹, schrieb Susanne unter ihren digitalen Brief.

Die Antwort kam am nächsten Morgen. Eine Mail mit Dateianhang. Susanne blieb vor Spannung beinahe das Herz stehen. Ihre Hand zitterte, als sie auf ›Datei herunterladen‹ und später auf ›Öffnen‹ klickte.

Was sie sah, warf sie beinahe um. Ein markantes, braun gebranntes Gesicht, nicht ohne Falten, aber trotzdem sehr attraktiv. Grau meliertes, volles Haar. Und Augen, die sie dahinschmelzen ließen. Nachdem sie drei Sekunden das Foto auf dem Bildschirm sehnsüchtig betrachtet hatte, fiel ihr auf, dass ihr das Gesicht irgendwie bekannt vorkam. Nach weiteren drei Sekunden erkannte sie das Bild. Es war eine Filmszene aus ›Casanovas Rückkehr‹. Sie hatte den Film vor über 15 Jahren im Kino gesehen. Mit Alain Delon. Jetzt erst las sie das »PS« unter der Mail: ›Leider konnte ich Dein Foto nicht öffnen. Die Datei war zu groß und wurde von der Firewall gesperrt.‹

›Du Schuft‹, antwortete sie, nicht ohne mit einem Doppelpunkt, einem Minuszeichen und einer geschlossenen Klammer deutlich zu machen, dass die Beschimpfung nicht ganz ernst gemeint war. ›Beinahe wäre ich drauf reingefallen. Jetzt möchte ich aber ein echtes Foto von Dir sehen!‹

Seine Antwort ließ nicht lange auf sich warten. ›Leider‹, so schrieb er, ›habe ich weder eine Digicam noch einen Scanner hier. Du musst Dich noch ein bisschen gedulden. Außerdem bin ich nicht sehr fotogen. Wäre es nicht schöner, Du würdest mich bei unserem Treffen zum ersten Mal sehen? Lust auf ein Blind Date?‹

Treffen? Treffen? Treffen? Hat er wirklich Treffen geschrieben? Er will mich sehen!

Die ganze Welt drehte sich um Susanne. An die Möglichkeit, dem virtuellen Supermann leibhaftig zu begegnen, hatte sie bislang nicht einmal im Traum gedacht. Oder doch, im Traum schon. Aber eine Verwirklichung dieses Traumes stand außerhalb jeder Möglichkeit. Bis vor wenigen Sekunden.

Er wollte ein Blind Date. Es spielte für sie inzwischen keine große Rolle mehr, wie Bernd aussah. Selbst wenn er abgrundtief hässlich sein sollte – was er gewiss nicht war –, seine Herzlichkeit und seine Leidenschaft, die in seinen Briefen zum Ausdruck kamen, würden alles wettmachen. Das Internet war eine tolle Sache! Man konnte einen Menschen wirklich kennenlernen, ohne sich von Äußerlichkeiten ablenken zu lassen.

Doch ein Treffen? Irgendwo zwischen Bremen und Possenhofen? An einer Autobahnraststätte? Das kam ihr wenig romantisch vor. Dennoch: Die Neugier, den Mann ihrer Träume vor sich zu sehen, war größer.

›Ja, ich habe Lust auf ein Blind Date‹, antwortete sie ihm.

Den nächsten Abend, Bernd hatte einen betrieblichen Termin und war offline, verbrachte Susanne mit sinnlosem Surfen im Netz, wobei sie gar nicht merkte, wie schnell sich die Rotweinflasche neben ihr leerte. Sie stellte fest, welche endlosen Möglichkeiten etwa die Suchmaschine Google bot. Es war ein Heidenspaß, die Trefferlisten bei bestimmten Suchbegriffen zu durchstöbern. Es gab virtuelle Hilfe für jede denkbare und undenkbare Angelegenheit.

Vielleicht bietet das Internet ja sogar eine Lösung, seinen Ehemann loszuwerden, dachte sie und tippte kichernd die Suchbegriffe ›Ehemann, Trennung, endgültig‹ bei Google ein.

Der erste Treffer war ein Service namens ›Scheidungsanwalt Online‹, der zweite ein Rechtslexikon, der dritte ein Nachrichtenartikel, wonach eine ihr unbekannte Sängerin namens Amy Winehouse die Scheidung von ihrem Gatten eingeleitet habe.

Der vierte Treffer machte sie neugierig. Sie klickte drauf, und wenige Augenblicke später wurde die vielversprechende Seite angezeigt. ›Worldwide online killer booking. Your browser ist your weapon‹, stand dort Weiß auf Schwarz zu lesen.

Dies war ein Online-Shop, der keine Wünsche offen ließ.

›Sie haben Probleme mit der unliebsamen Konkurrenz, mit Nachbarn, Ihrer Schwiegermutter oder dem Diktator Ihres Heimatlandes? Finanzbehörden und Gläubiger sitzen Ihnen im Nacken, unangenehme Zeugen lassen Sie schlecht schlafen oder ein dringend benötigtes Erbe lässt auf sich warten?‹, las sie weiter in der Unternehmensbeschreibung. ›Rent-A-Killer löst fast alle Probleme dort, wo sie entstehen. Effektiv, sauber, dauerhaft! Und Sie werden staunen, wie günstig das ist!‹

Die Leistungen seien in weltweit 216 Ländern verfügbar. In Zeiten der Globalisierung und der Wirtschaftskrisen sei die Nachfrage nach zuverlässigen Profikillern deutlich gestiegen. Auf einer eigenen Seite pries der – nach eigenen Angaben – Marktführer in diesem Gewerbe das preisgünstige Share-Kill-System an, wo Privatkunden über eine Datenbank abgleichen konnten, ob weitere Kunden an der Beseitigung derselben Zielperson Interesse hatten und sie sich so die Kosten für einen Auftrag teilen konnten. ›Durch das Share-Kill-System werden professionelle Aufträge auch für Otto Normalverbraucher zum bezahlbaren Problemlöser!‹

Susanne traute ihren Augen nicht. Das muss doch

ein Scherz sein, Satire, dachte sie und suchte im Kleingedruckten nach einem entsprechenden Hinweis. Vergeblich.

Sie klickte auf ›FAQ‹, inzwischen wusste sie, dass dies für die englische Abkürzung für häufig gestellte Fragen stand.

›Ist der Preis verhandelbar?‹, ›Gibt es Jobs, die Sie nicht annehmen?‹, ›Kann ich mich als Profikiller bei Ihnen bewerben?‹ oder ›Sind Sonderwünsche bei der Eliminierung möglich?‹ lauteten die Fragen. Nur eine Frage fand sie nicht: ›Ist dieses Angebot ernst gemeint?‹

Susanne hatte gelernt, dass man im Internet nichts tun konnte, ohne Spuren zu hinterlassen. Dass es für die Polizei eine Kleinigkeit war, jemanden ausfindig zu machen, der im Internet Kinderpornobilder vertreibt. Wie konnte es dann ein Angebot geben, in dem unverhohlen Auftragsmörder vermittelt wurden?

»Das kann ja nur ein Spaß sein«, murmelte sie, nahm einen Schluck Rotwein und klickte auf die Rubrik ›Auftragsannahme‹. Doch zuvor wurde sie gefragt, ob sie den ›AnonyMode‹ einschalten wolle. Dieser Modus gewährleiste absolute Anonymität. Der Auftrag werde über Satellit verschlüsselt an die Zentrale des Dienstleisters geschickt und von dort an die Einsatzkommandos vor Ort übermittelt. ›Eine

Rückverfolgung des Auftrags ist nicht möglich‹, wurde versichert.

Das klang zwar plausibel und überzeugend, aber vermutlich stünde ein solches Angebot nicht mit den deutschen Gesetzen im Einklang. Es musste folglich ein Spaß sein, den sich jemand mit dieser Homepage erlaubte. Neugierig klickte Susanne bei der Frage »Wollen Sie wirklich einen Auftrag absenden?« auf den Ja-Button.

In der Share-Kill-Datenbank gab es keinen Eintrag für Rudolf Simnacher. Schade, diese Einsparmöglichkeit war also nicht möglich. Die weiteren Angaben waren schnell eingetippt: Name, Wohnort, besondere Kennzeichen und so weiter. Bei ›besondere Wünsche zur Exekutionsart (Aufpreis)‹ verneinte sie ebenso wie bei der Option, ob dem Delinquenten gegen Aufpreis vor der Eliminierung eine Nachricht übermittelt werden solle. Man musste die Kosten ja nicht unnötig in die Höhe treiben.

Nachdem sie alle Angaben gemacht hatte, klickte sie schließlich auf das Symbol für den Warenkorb und wurde zur virtuellen Kasse weitergeleitet. Der ganze Vorgang erinnerte sie an eine Buchbestellung bei Amazon. Der Gesamtpreis, inklusive Mehrwertsteuer und Bearbeitungsgebühr, war in Ordnung. Das wäre nur ein Bruchteil der Summe, die von der

Lebensversicherung ausgezahlt würde. Wenn dies alles eine ernste Sache wäre.

Am nächsten Morgen war sie nicht mehr sicher, ob sie wirklich ihre Kreditkartennummer angegeben hatte. Nicht dass sie wirklich mit der Ausführung des Killerauftrags gerechnet hätte. Aber was wäre, wenn sie es mit Kreditkartenbetrügern zu tun hätte? In Erwartung von Bernds nächster Mail vergaß sie den kuriosen Internetanbieter. Allerdings wurde die Freude rasch getrübt.

›Tut mir sehr leid, mein Schatz, aber ich bin die nächsten Tage nicht im Netz‹, schrieb er und machte unzählige traurige Smileys hinter den Satz. Wortreich versicherte er jedoch, dass er jede Sekunde und jede Minute an seine Angebetete denken werde. Und dass es auch jenseits des Internets eine Möglichkeit gebe, in Kontakt zu bleiben. Natürlich hatte sie ihm längst erzählt, dass sie verheiratet war, daher war sie gespannt, welche Art der heimlichen Kommunikation er vorschlagen würde.

›Es gibt eine Internetseite, auf der man gratis SMS verschicken kann‹, erläuterte er und nannte im Folgenden die Webadresse einer Kreissparkasse in der Lausitz, die diesen werbefinanzierten Service anbot. Außerdem gab er ihr seine Handynummer – mit dem dringenden Hinweis, nicht anzurufen, sondern nur Kurzmitteilungen zu schicken.

Susanne schrieb noch einmal eine lange E-Mail zurück, bekam an diesem Tag aber keine Antwort mehr. Eine SMS zu verschicken, traute sie sich nicht. Das war doch eine Spur intimer als eine Mail. Vielleicht morgen, dachte sie.

Vorläufig kam sie nicht dazu, den Kontakt zu ihrem virtuellen Herzblatt zu pflegen. Denn Rudolf war wieder da. Seine Rückkehr war wenig erfreulich. Statt einer Begrüßung wedelte er mit dem Kontoauszug.

»Kannst du mir mal sagen, was das zu bedeuten hat?« Seine Stimme klang wütend. Und ganz nüchtern war er wohl auch nicht. Vermutlich hatte es in der Businessklasse mal wieder Champagner statt Tomatensaft gegeben.

»Wovon sprichst du?«, fragte sie unschuldig.

»Fast 10.000 Euro für eine R.a.K-Dienstleistungs GmbH! Erklär mir das! Für welches unnütze Zeug hast du so viel Geld ausgegeben? Ist das eine neue Modekette? Schuhe? Handtaschen? Ich arbeite mich dumm und dämlich und du verschleuderst das Geld hinter meinem Rücken. Du solltest dich schämen!« Seine Stimme überschlug sich, jedoch war er offenbar zu erschöpft, den Streit bis zum Schluss auszufechten.

»Das muss ein Irrtum sein«, flüsterte sie, doch er hörte es bereits nicht mehr und war in sein separates Schlafzimmer im Souterrain verschwunden.

Wie gerne hätte sie sich jetzt im Bügelzimmer zum Chatten zurückgezogen, aber Bernd war immer noch offline. Und was sollte sie in eine 140 Zeichen lange SMS hineinschreiben, von der sie nicht wusste, in welcher Situation er sie lesen würde? Sie ging ins Bett und hoffte auf eine traumlose Nacht.

Am nächsten Morgen verließ sie früh das Haus. Sie wollte nach München, um ein Prepaid-Handy zu kaufen. Damit konnte sie Bernd zum Beispiel auf der Toilette Mitteilungen schicken, ohne sich durch allzu häufige Aufenthalte im Bügelzimmer verdächtig zu machen.

Eine gute Stunde später war sie wieder zu Hause und wollte ihren Jeep im Carport abstellen, doch der war durch ein anderes Fahrzeug blockiert. Sie erkannte den silbergrauen Kombi. Und einen Moment später kam auch der Fahrer auf sie zu. Was sie irritierte: Er kam aus ihrer eigenen Haustür und zeigte ihr einen kleinen Plastikausweis in Scheckkartengröße.

»Hauptkommissar Erwin Schrader. Tut mir leid, dass wir uns auf diese Weise dienstlich treffen«, sagte ihr Mitschüler aus dem Internetkurs.

»Sie sind bei der Polizei?«, staunte Susanne. »Und was machen Sie hier? Was ist passiert? Ist etwas mit Rudolf?«

Sie ahnte Schlimmes.

»Ja. Ihre Nachbarin hat uns gerufen, als sie einen Schuss gehört hat. Es war ein Präzisionsschütze, der aus großer Entfernung gefeuert hat. Der Schuss ging durch das Küchenfenster. Ihr Mann war sofort tot. Es tut mir sehr leid. Wir können bislang nur feststellen: Da waren Profis am Werk.«

»Ja, Profis«, flüsterte Susanne zustimmend.

»Dürfen wir ein paar Fragen stellen?«, fragte der Kommissar einfühlsam.

»Ein paar Minuten bitte«, bat sie. »Ich muss mich einen Moment setzen.«

Sie ging in das Haus, setzte sich an den Küchentisch und starrte mehrere Minuten reglos aus dem Fenster. Sie fühlte sich allein. Der einzige Mensch, dem sie sich jetzt anvertrauen wollte, war weit weg – und offline. Sie holte ihr neues Prepaid-Handy aus der Handtasche und schaltete es ein. Mit zitternden Fingern schickte sie eine kurze Botschaft an die Nummer, die sie längst auswendig wusste, ohne sie jemals gewählt zu haben: ›ICH MUSS MIT DIR REDEN. ICH BIN FREI FÜR DICH!‹ Schnell steckte sie das Handy wieder weg. Sie atmete tief durch, dann hörte sie den Kommissar auf dem Flur.

»Frau Simnacher, können wir jetzt mit Ihnen reden? Wir haben ein paar dringende Fragen an Sie.«

»Natürlich«, sagte sie.

»Haben Sie eine Ahnung, wer Ihren Mann getötet haben könnte?«

Sie schüttelte stumm den Kopf.

»Ich muss Sie das jetzt fragen: Hatte Rudolf eine Geliebte?«

»Rudolf? Nein, niemals. Er war wirklich kein Schürzenjäger.«

Der Kommissar schaute sie kurz durchdringend an. Danach zeigte er ihr ein Mobiltelefon, das sich in einer Plastikhülle befand. »Dieses Handy trug er in seiner Hosentasche. Er hat darauf soeben eine SMS empfangen, die einen anderen Schluss zulässt.«

Susanne wurde bleich im Gesicht.

Sie hatte zwei Menschen getötet. Ihren Mann. Und ihren Geliebten.

WALTHER HOHENESTER
LESESTÜNDCHEN

Natürlich war Vinzenz nervös. Er hatte keine Ahnung, wie man ihn empfangen würde.

Das Seniorenheim hatte im Blättchen inseriert, ein Vorleser wurde gesucht, dringend. Ein Student der Germanistik oder gar Theologie sollte es sein. Und er sollte ›in der Nähe‹ wohnen, am Ostufer, oder in Starnberg selbst.

Vinzenz wohnte allerdings in Planegg, er studierte Germanistik im dritten Semester. Und hatte eine Aufbesserung seiner Finanzen dringend nötig.

Aber es ging dann alles ganz leicht.

Der Heimleiter war so froh, jemanden gefunden zu haben, dass er Vinzenz nach seinem ersten Besuch sofort »anheuerte«, wie er sich schelmisch ausdrückte.

Also band sich Vinzenz eine altmodische Krawatte um den Hals und fuhr am Dienstagnachmittag mit seinem Moped und einem Stapel Bücher seinem neuen Ziel entgegen.

Er fuhr mit dem Lift hinauf in den fünften Stock des Altersheims *Seniorenglück*. Das Heim lag auf einer lichtdurchfluteten Anhöhe. Man hatte von oben aus einen beneidenswert großartigen Blick auf den Starnberger See, der umrahmt wurde von mächtigen Bäumen in ihrem herbstlichen Schmuck. Und ganz weit hinten winkten die Berge, bedeckt mit klitzekleinen Sahnehäubchen.

»Alt müsste man sein«, seufzte Vinzenz.

Da drüben lag irgendwo die Votivkapelle, mit dem Kreuz im Wasser, wo der Märchenkönig, dieser grandiose Schwimmer, ertrunken war.

Angeblich.

Vinzenz ging an den Zimmern mit den Nummern 526 bis 543 vorbei, vor der Tür mit der Aufschrift ›Leseraum‹ blieb er stehen. Er klopfte. Niemand antwortete. Er klopfte ein zweites Mal. Grabesstille.

Ein forscher Griff auf die Klinke, das ›Sesam, öffne dich!‹ war bezwungen.

Er stand mitten in einem hoffnungslos überheizten Raum, vier alte Damen vor sich, die mit verschränkten Armen dasaßen und ihm neugierig entgegenblickten.

»Guten Abend!«

»Sie sind drei Minuten zu spät!«
Vinzenz grinste.
»Ich heiße Vinzenz«, sagte er.
»Ein merkwürdiger Name.«
»Mein Neffe heißt Roger.«
Er ließ sich nicht beirren. »Hübsch haben Sie's hier!«
Verlegenes Schweigen.
»Und wie heißen Sie alle, wenn ich fragen darf?«
»Ich bin Frau Gruhlke.«
«Ich habe meinen Namen vergessen.«
«Sie können Lina zu mir sagen.«
Man einigte sich darauf, die Namen auf kleine Zettel zu schreiben und die Zettel vor sich auf den Tisch zu legen.

»Wie bei einer Talkshow«, meinte Frau Wühlbeck. Sie saß rechts neben Vinzenz, hatte rote Flecken auf der Haut, und schmale, gepflegte Hände.

»Als ich klein war, haben sie Hexchen zu mir gesagt.« Frau Gruhlke saß ihm direkt gegenüber, durchaus nichts Hexenhaftes an sich, sondern mit apfelrundem, vor Gesundheit blühendem Hamstergesicht.

»Was wollen wir lesen?« Er betrachtete seine Opfer mit vorsichtigem Interesse.

»Zauberberg?«

Die Frau, die angeblich ihren Namen vergessen

hatte, schnarchte anklagend in die beginnende Dämmerung.

»Buddenbrooks?«

»Ich schreie!« Das war Lina, deren Nase nervös zu zucken begann.

Frau Gruhlke erhob sich, marschierte zur Heizung und stellte fest, es müsse irgendwo ziehen.

»Möchten Sie ein Tröpfchen Tee?« Sie nahm die Kanne und gluckerte Vinzenz' Tasse voll.

»Zucker? Oder Saccharin?«

Er beschloß, Zucker zu nehmen.

»Wir hätten auch Biskuits haben können«, sagte die Namenlose, »aber ich hab vergessen, sie zu besorgen. Wir sind eben nicht mehr die Jüngsten.«

»Wissen Sie«, Lina zur Linken rückte näher, »als ich zur Schule ging, war es verboten, die Jungs anzuschauen. Aber der Turnplatz lag direkt gegenüber dem Lyzeum. Haben Sie eine Ahnung, was ein Lyzeum ist?«

Vinzenz nickte.

»Wenn die Jungs Turnen hatten, wir kannten ja nur Völkerball und so, aber meine Freundin Amalie war zu arm, sich ein Sportdress zu kaufen, denn es war ja die schlechte Zeit damals, nach dem Krieg, ich weiß nicht, ob Sie das in der Schule gelernt haben, mit dem Krieg und der großen Hungersnot ...«

LESESTÜNDCHEN WALTHER HOHENESTER

Er versicherte ihnen, genau Bescheid zu wissen, rührte in seinem Tee herum und fragte seine kleinen grauen Männchen ab, was er jetzt tun sollte. Die grauen Männchen gaben keine Antwort.

»Darf ich Ihnen eine Weihnachtsgeschichte erzählen?« Frau Wühlbecks rote Flecken glänzten. »Weihnachtsgeschichten sind immer traurig. Aber die meine ist so traurig, dass ich jedes Mal heulen muss. Soll ich sie zum Besten geben?«

Die grauen Männchen flüsterten ihm zu, das Thema zu wechseln.

»Ich lese Ihnen das erste Kapitel von Rosamunde Pilchers ›September‹ vor«, sagte er schnell. »Einverstanden?«

Der Tee schmeckte widerlich süß. Dabei beobachteten ihn die Damen wie die Geier. Er versuchte, einen Blick auf seine Armbanduhr zu erhaschen.

»Es ist kurz nach halb sechs!« Das Hexchen kam ihm zuvor. »Bis sechs haben wir Zeit. Dann müssen wir zur Tagesschau.«

»Ich hab mir so sehnsüchtig eine Puppe gewünscht. Aber wir waren arm. Bettelarm. Da bin ich zu den Hausbesitzern geschlichen, um zu sehen, wie groß deren Christbaum war. Wir hatten nämlich keinen.«

Frau Wühlbecks Weihnachtsgeschichte kam auf Touren.

»Sie müssen sich noch mal Tee nehmen!« Die Gruhlke goss erneut seine Tasse voll, gab zwei Löffel Zucker dazu.

»Nächstes Mal gibt's Rum!«

Sie unterhielten sich über die mannigfaltigen Möglichkeiten, dem Tee interessante Geschmacksrichtungen zu verleihen. Über die Tatsache, dass Kaffee um diese Zeit für alle vier nicht mehr zuträglich war. Über das Essen im Heim (es war schlecht). Über die Ärzte, die zur Verfügung standen (sie waren noch schlechter). Über den jungen Vikar (er war sehr nett). Über die herrschsüchtige und geizige Köchin.

»Es gibt abends nur drei Scheiben Wurst«, klagte das Hexchen.

»Und der Fisch stinkt jedes Mal.«

»Das Brot ist steinhart!«

»Wenn wir es mal wagen, uns zu beschweren, verrät uns die Köchin beim Heimleiter.«

»Und was macht der Heimleiter dann?«

»Er singt fromme Lieder mit uns.«

»Oh weh!«

Vinzenz stand kopfschüttelnd auf, packte die Bücher in seinen Riemen.

»Danke für den angenehmen Nachmittag«, sagte er. »Und den Tee. Kommenden Dienstag präsentiere ich Ihnen eine Geschichte von Edgar Allen Poe. Er gilt als Erfinder des deduktiven Kriminalromans.«

»Entzückend! Es gibt Heidelbeerkompott. Wir freuen uns!«

Die Damen erhoben sich, musterten ihn nach wie vor prüfend und mit unverschämter Neugier. Er schloss die Tür ein wenig zu geräuschvoll. Erleichtert hastete er zum Lift.

Er sprach mit dem Heimleiter.

Herr Kleinau war etwa 45, wirkte ein wenig resigniert. War aber, trotz der frommen Lieder, sehr beliebt im Heim, wie man sich überall erzählte. Vinzenz betrachtete die billigen Drucke an den Wänden, die dicke Bibel auf dem Tisch, die gefalteten Hände des wackeren Mannes.

»Wie kommen Sie mit den Damen zurecht?«, wollte Kleinau wissen.

»Sehr gut!«, log Vinzenz.

»Was lesen Sie ihnen denn vor?«

Vinzenz musste zugeben, dass er in der ersten Stunde keine einzige Silbe vorgelesen hatte. Der Heimleiter erklärte, das mache überhaupt nichts aus. Das Wichtigste sei, den Frauen Gesellschaft zu leisten.

»Wir sind ja so dankbar, dass Sie das tun«, sagte er mit wohltemperierter Stimme.

»Welche Bücher hat denn mein Vorgänger mitgebracht?«

Es stellte sich heraus, dass der selige Herr Vorgänger niemals ein Buch bei sich gehabt hatte.

»Er war so ein liebenswerter Mensch!«

»Wieso war?«

»Er ist gestorben, leider. Irgendwas mit dem Magen, vermute ich. Höchst seltsam.« Kleinau entwirrte seine Hände. »Zigarette?«

»Nein, danke!«

Der Heimleiter begann, eine würzig duftende *Roth-Händle* zu inhalieren.

»Ein schlimmes Laster, ich weiß«, er lächelte, nun schon wieder etwas fröhlicher, »aber was soll man machen?«

Er bedauerte, nur insgesamt vier seiner ihm Anvertrauten bewegen zu können, ins Lesezimmer zu kommen. »Der Glotzkasten ist Schuld«, er verstreute die Asche über seinem Schreibtisch, »man kann sie zu nichts mehr bewegen.«

»Und wenn ich's mal mit Simmel probiere?«

»Prachtvoll!«

»Oder Günter Grass?«

»Fabelhaft!« Kleinau hatte keine Ahnung. »Lesen

Sie, was Sie wollen«, mit großer Geste blies er den Rauch gegen die Decke. »Meine Täubchen werden Sie vergöttern!«

Vinzenz konnte ein Grinsen nicht unterdrücken.

Kleinau drückte seinen Glimmstengel in den Aschenbecher.

»In vier Wochen ist unser Herbstfest«, er faltete erneut seine Hände. »Sie sind herzlich eingeladen. Zu Spiel und Tanz.«

»Oh!«

»Wir haben Damenwahl. Den ganzen Abend!«

»Wie reizvoll!« Vinzenz fand den Augenblick günstig, zu verschwinden. Er nickte Kleinau zu, rettete sich vor die Tür.

»Sie können es auch mit der Bibel probieren!«, rief ihm der Heimleiter nach. Aber Vinzenz war schon draußen.

»Es war eine angenehme Fahrt ...«

Sie saßen um den Tisch herum, mit Duldermienen, die nur durch ein gelegentliches neugierig-wissendes Aufblitzen ihrer Augen unterbrochen wurden. Vinzenz las ›Effi Briest‹, ließ die wohlklingenden Sätze Fontanes in das überwarme Zimmer strömen, unter leiser Begleitung der Schnarchenden.

»Und während Effi dem nachkam und einer von den Bahnhofsleuten ... «

Die Damen süffelten ihren Tee, räusperten sich, brummelten geräuschvoll vor sich hin. Frau Gruhlke strickte klappernd.

»Liebst du denn Instetten nicht?« Lina kicherte, quatschte unverfroren in des Vorlesers Worte.

»So weit sind wir doch noch gar nicht!«

Die Frau ohne Namen zog eine empörte Schnute.

»Ist doch egal!«

»Eben!«

»Man sollte einen kleinen Cognac trinken.«

Langsam sank das Buch auf das bunt bestickte Tischtuch. Vinzenz lehnte sich nachsichtig lächelnd zurück.

»Wenn wir die Jungs beobachten wollten«, Tante Lina war wieder bei ihrem Lieblingsthema, »haben wir gesagt, uns sei schlecht. Dann sind wir zum Fenster gegangen und haben rausgeguckt. Direkt auf den Turnplatz.«

»Heute ist man da ja weniger schüchtern«, tadelte das Hexchen. Beifälliges Nicken war die Antwort.

Die Namenlose erzählte ein haarsträubendes Erlebnis im Undosa Bad. Sie habe ein Liebespaar beobachtet, »ein unglaublich junges«, das sich ganz und gar ungeniert betatscht habe, grauenvoll! »Sie wollten Dutzi-Dutzi machen, am hellichten Nachmittag! Und nebenan war Tanztee für Senioren. Was sagen Sie jetzt?«

Vinzenz grinste. Da hatte Effi Briest keine Chance, das sah er ein.

»Nehmen Sie ein Häppchen von unserem köstlichen Heidelbeerkompott?«

»Wenn Sie meinen.«

»Wir würden uns glücklich schätzen.«

»Sehr glücklich.«

Sie häuften ihm einen nicht zu kleinen Teller voll, tauchten einen silbernen Löffel in die blaue Herrlichkeit. Ihre Äuglein blinkten.

»Nur zu!« Die Schnarchende war wieder aufgewacht.

»Guten Appetit!«

»Nehmen Sie nichts?«

Sie schüttelten den Kopf, kicherten albern.

»Ich bin zu faul zum Kauen«, sagte Tante Lina.

Da platzte Herr Kleinau ins Zimmer. Er roch nach kaltem Zigarettenrauch und einem Hauch Kölnisch Wasser.

»Bitte nicht stören lassen!« Er setzte sich neben das Hexchen, lächelte gütig und machte sich fröhlich und unverfroren über des Vorlesers Teller her.

»Ausgezeichnet«, lobte er. »Märchenhaft!«

Die Damen erschraken. Die Stumme bekam einen Schluckauf, das Hexchen griff geistesabwesend nach ihren Tropfen. Vinzenz staunte. Kleinau benahm sich wunderlich. Er sprang in die Höhe, griff sich mit schmerzverzerrtem Gesicht an seinen Bauch und sank vornüber auf den Tisch. Dort blieb er liegen.

Als man den Heimleiter nach drei Tagen begrub, saß die Köchin bereits in Untersuchungshaft. Man hatte in ihrem Küchenschrank eine Tüte mit Rattengift entdeckt. Es war haargenau das gleiche, wie das Gift in dem Kompott, das sich noch in der Schüssel befunden hatte, oben im fünften Stock. Und in des Heimleiters Magen.

Die alten Damen standen oben in ihrem Lesezimmer, sahen über den zauberhaften See und lächelten. Ihr Plan war aufgegangen, fast. Die Köchin waren sie los, das miese Essen gehörte der Vergangenheit an. Die neue Köchin war eine Perle.

»Das war Schicksal, dass du in deinem Gartenhäuschen die olle Tüte mit dem Rattengift gefunden hast«, sagte das Hexchen zu Lina.

»Schicksal und mein schlampiger Schwiegersohn, der nix wegschmeißen kann.« Tante Lina betrachtete sehnsuchtsvoll die Roseninsel, die heute besonders gut zu sehen war.

»Da drüben müsste jetzt unser Kini mit seiner Sisi stehen.« Ihr Blick bekam etwas Träumerisches. »Und sie müssten lustwandeln und sich dann auf ein Bänkchen setzen. Es sollte bis zum Kuss auf die Stirn kommen!« Schwärmerische Pause. »Aber man kann nicht alles haben!«

Da hatte sie leider nicht ganz unrecht. Irgendwas ging immer schief. Zum Beispiel die Sache mit dem Heimleiter. Dass Herr Kleinau Vinzenz' Heidelbeerkompott so gierig an sich gerissen und verschlungen hatte, das war nicht geplant. Sie hätten den frommen Mann noch gerne behalten.

Sie hätten auch Vinzenz' Vorgänger ganz gerne behalten, da gab es nichts dran zu rütteln. Aber das gute alte Rattengift aus Tante Linas Beständen, das war ja fast noch Friedensware, echt rattenscharf, wie die jungen Leute heute sagen würden.

Man musste Opfer bringen. Und wie gesagt, sie waren nicht mehr die Jüngsten. Da passierte hin und wieder ein kleiner Fehler.

JÖRG MAURER
STARNBERGER LÖSUNG

Kunde: Grüß Gott, haben Sie Salpetersäure da?
Apotheker: Ja, natürlich habe ich die da, aber für was brauchen Sie denn die?
Kunde: Also, ich habe mir lange überlegt, welche Antwort ich Ihnen darauf gebe.
Apotheker: Ja, haben Sie denn die Frage schon erwartet?
Kunde: Ja, freilich habe ich die erwartet! Darum habe ich die Antwort ja parat.
Apotheker: Und die Antwort wäre?
Kunde: Weil ich gerade an einem Krimi schreibe.
Apotheker: Das ist ja eine selten blöde Antwort.
Kunde: Warum? In dem Krimi kommt Salpetersäure vor. Und jetzt möchte ich wissen, wie so eine Salpetersäure ausschaut, damit ich die beschreiben kann.
Apotheker: Das ist doch ein Schmarrn. Wenn es nur darum ginge, dann hätten Sie doch sagen können:

Herr Apotheker, zeigen Sie mir einmal ein Flascherl Salpetersäure, machen Sie es auf, lassen Sie mich einmal riechen. Dankeschön. Ich kaufe anstandshalber noch ein Packerl ...
Kunde: Ein Packerl Kondome?
Apotheker: Ein Packerl Kondome kauft man doch nicht anstandshalber!
Kunde: In diesem Fall schon.
Apotheker: Ja, gut, dann hätte ich Ihnen jedenfalls ein Flascherl Salpetersäure gebracht, Sie hätten geschaut und gerochen, und die Sache wäre für uns zwei erledigt gewesen.
Kunde: Für mich nicht. Die Kondome nämlich, die hätte ich dann ganz umsonst gekauft, weil ich mich mit meiner Frau nicht mehr verstehe, aber die Salpetersäure bräuchte ich dringend ...
Apotheker: Aha!
Kunde: Was heißt hier ›Aha‹?
Apotheker: Ganz einfach: Sie verstehen sich nicht mehr gut mit Ihrer Frau, die Frau muss also weg, die Frau wird umgebracht, das ist ja noch leicht. Aber wohin mit der Leiche? Das ist ja oft das Problem. Also rein damit ins Badwanderl, hochkonzentrierte Salpetersäure dazu, die löst organische Substanzen auf! Nach einer halben Stunde den Stöpsel gezogen, gut nachgebraust – fertig.

Kunde: Aber mit *einem* Flascherl – und bei Ihnen bekomme ich ja auch nur *verdünnte* Salpetersäure – löst sich doch mein Riesentrumm von Frau nicht auf!

Apotheker: Ja, das ist ja gerade das Verwegene! Sie kaufen die Flascherl verteilt, in der ganzen Stadt. Bei mir fangen Sie an, dann gehen Sie zur König-Ludwig-Apotheke*, dann zur Zeus-und-Hera-Apotheke*, dann zur St.-Stephans-Apotheke* …

Kunde: Das wäre aber ein Umweg.

Apotheker: Ja, das ist der Umweg, den man später nicht nachvollziehen kann. Und zum Schluss haben Sie die 20, 30 Liter – ich kenne ja Ihre Frau nicht …

Kunde: Na ja, mit 40 Litern wird man schon rechnen müssen.

Apotheker: Zum Schluss haben Sie jedenfalls die 40 Liter beieinander und los geht's. Und da gehe ich doch nicht in die erstbeste Apotheke und sage, ich schreib einen Krimi!

Kunde: Sie waren ja nicht die erste Apotheke.

Apotheker: Ach so? Das wird ja immer suspekter.

Kunde: Zuerst war ich in der König-Ludwig-Apotheke* – die hat zugehabt, dann bin ich zur Zeus-und-Hera-Apotheke* – denen ist sie ausgegangen, dann bin ich zur St.-Stephans-Apotheke* …

Apotheker: Ich denke, das ist ein Umweg?

Kunde: Deswegen weiß ich es ja, dass es ein Umweg ist.
Apotheker: Gut, dann sind Sie jedenfalls zu mir gekommen, da *hätten* Sie etwas gekriegt, und ausgerechnet da, wo Sie was gekriegt hätten, da machen Sie sich so verdächtig.
Kunde: Was hätte ich denn sagen sollen?
Apotheker: Na, ganz einfach: Grüß Gott, Herr Apotheker, ich brauche 40 Liter Salpetersäure, ich möchte meine Frau in der Badewanne auflösen.
Kunde: Und dann?
Apotheker: Dann lacht der Apotheker! Apotheker sind lustige Leute! – 40 Liter Salpetersäure! Haha. Ich hab aber bloß *einen* Liter da. – Macht nichts, sagen Sie dann, ich wollte es sowieso zuerst an einem Schnitzel ausprobieren.
Kunde: Und dann?
Apotheker: Dann kaufen Sie den Liter, gehen heim und schreiben Ihren Krimi.
Kunde: Ich dachte, ich schreibe keinen Krimi.
Apotheker: Ach so, ja, stimmt.
Kunde: Also, dann geben Sie mir eben ein Packerl … Kondome.
Apotheker: Sehen Sie, es geht doch. Aber für was brauchen Sie denn die Kondome, wenn ich fragen darf.
Kunde: Sehen Sie, die Frage habe ich erwartet. Ich

hab mir dementsprechend lange überlegt, was ich da antworten soll.
Apotheker: Und? Für was brauchen Sie sie dann?
Kunde: Ich schreib an einem Buch, in dem ein Kondom vorkommt, und jetzt wollte ich einmal so eines sehen. Ich habe mir gedacht, da brauche ich ja nicht gleich eines zu kaufen, da gehe ich in die Apotheke, ein freundlicher Apotheker zeigt mir eines, ich sage *Danke schön* und damit ist die Sache erledigt.
Apotheker: Da ist eines, schauen Sie sich's an.
Kunde: Aha, ja, interessant, Sie haben mir sehr geholfen. Danke schön. Auf Wiedersehen.
Apotheker: Ja, bitte schön! Sagen Sie mal, Anstand haben Sie wohl keinen?
Kunde: Wieso? *Danke schön* hab ich doch gesagt. Ach so! Dann möchte ich noch – eine Salpetersäure, genau.
Apotheker: Wie viel?
Kunde: Ein Flascherl.
Apotheker: Viertelliter? Halber Liter?
Kunde: Vielleicht einen Liter?
Apotheker: Ich hab auch eine Fünf-Liter-Flasche da.
Kunde: Ja, gut, da nehme ich gleich zwei.
Apotheker: Oder nehmen Sie doch gleich eine Kiste mit sechs Flaschen, das wären dann 30 Liter, dann brauchen Sie nicht die ganzen anderen Apotheken abzuklappern.

Kunde: 30 Liter ... die werden nicht ganz reichen.
Apotheker: Meine Güte, dann nehmen Sie eben zwei Kisten.
Kunde: 60 Liter! Ja, wie reden Sie denn von meiner Frau!

(*) Namen geändert

NICOLA FÖRG
DER KOPIST

Es war affenheiß unter dem Sonnensegel – und affig war auch die ganze Veranstaltung. Kripoleute, Polizisten und irgendwelche Münchner Beamtenprominenz hatten sich in Schale geworfen zur ›Kreuzfahrt auf dem königlichen See‹. Da war doch tatsächlich so ein krankes Gemüt in den oberen Chargen des Innenministeriums auf die Idee gekommen, die *MS Starnberg* zu chartern und verdiente Beamte zu dieser launigen Ausfahrt einzuladen. Was ihm die Einladung beschert hatte, war Gerhard völlig unklar. Es musste natürlich dieser schnieke neue Galerie-Katamaran sein und ein Drei-Gänge-Menü mit Gerichten, die sicher schmackhaft, aber für Gerhards Empfinden völlig unnötig waren. Das Entree war eine ›Trilogie aus der Terrine von Entenleber, der Komposition von Wachteleiern und dem Karree aus Lachspüree‹. Dazu bestellte die schwäbische Regierungsbeamtin neben ihm ein »Chardonnayle. Aber bloß a Achtele«. Wie konnte ein so winziges Gericht einen so langen Titel haben und wer aß allen Ernstes Wachteleier, die musste man ja mit der Lupe suchen. Zudem: Warum, bei Gott, saß er immer neben den Schwaben?

Er war zum Rauchen entfleucht. Gerhard rauchte nicht, aber anders wäre er dem ›Chardonnayle‹ nie entkommen. So lief ihm nun das Schwitzwasser in den Kragen, das Weißbier wurde schneller lack, als er überhaupt schlucken konnte. Herr, lass Abend werden. Sie befanden sich auf der Südlichen Seerundfahrt, waren in Tutzing zugestiegen – von Schiffen flüchtete es sich einfach so schlecht. Über Bord gehen hätte unweigerliches Aufsehen nach sich gezogen. Am Ende sollte es zum Ausklang noch in den *Buchscharner* in St. Heinrich gehen, erst danach war die Flucht möglich.

Gerhard überdachte seine schier ausweglose Situation, als sein Handy klingelte. Er hörte zu, dann huschte ein Lächeln über sein Gesicht. »Nun werden die wohl anlegen müssen«, sagte Gerhard zu sich selbst. Er hörte hinter sich ein Seufzen.

»Ein Fall? Sie Glücklicher!« Der Seufzer war von einer jungen Frau gekommen: klein, Kurzhaarschnitt. Auch sie war wohl auf das Sonnendeck geflüchtet. »Tot?«, fragte sie nun sehnsuchtsvoll.

Gerhard nickte.

Sie seufzte nochmals und sah ihn durchdringend

an, mit klugen Augen hinter der Brille. »Nehmen Sie mich mit?« Gerhard wollte schon abwiegeln, als sie hinterherschickte: »Kripo Miesbach, könnten Sie nicht Hilfe brauchen?« Es lag ein Flehen in ihrer Stimme.

Gerhard lächelte nochmals leise in sich hinein. Er konnte doch kein solcher Unmensch sein. »Klar, meine Kollegin ist sowieso im Urlaub. Sie leisten mir Amtshilfe.«

Es war etwas schwierig, das Boot zum Anlegen nach Seeshaupt zu dirigieren, aber die wenigsten bier- und weinseligen Gäste kurz vor dem Hitzeschlag bekamen überhaupt mit, dass zwei Passagiere von Bord gingen. Ein Polizeiwagen wartete am Anlegesteg und brachte sie zu einer Buchhandlung mit Café.

Irgendwas mit römischem Kampfwagen, dachte Gerhard noch, irgendwas war falsch an dem Wort – und gänzlich falsch war auch die Tote.

Vor einer Bücherwand lag eine junge Frau seltsam verdreht da. Ihr lockiges Haar war ursprünglich in einer Hochsteckfrisur drapiert gewesen, nun war es derangiert. Sie war grell geschminkt, scharlachrote Lippen, viel verschmierte Wimperntusche. Ihre Zehennägel waren in demselben Ton lackiert, sie hatte hochhackige Riemchenschuhe an. Sie trug eine Art Abendkleid in weiß, rückenfrei mit einem

Neckholder. So hieß man das doch heute? Der Holder war ihr zum Verhängnis geworden. Jemand hatte sie damit stranguliert.

Gerhard trat etwas zur Seite, ließ die Szenerie auf sich wirken: bunte Sessel, alte Tische, bunte Kitsch-Kronleuchter, ein plüschiges Ambiente mit Stilbruchflair, im hinteren Teil eine Espressobar. Innenarchitektonische Kühnheiten und Bücherwände, die bis unter die Decke wuchsen. Aber nicht irgendwelche Schmöker, nein, nichts als Krimis. Er befand sich in Deutschlands einziger privat geführter, öffentlicher Krimibibliothek. Hier konnten Mordsüchtige mordsmäßige Mengen von Büchern entleihen. Wie konnte man so was freiwillig lesen? Und nun lag eine leibhaftig Ermordete mitten unter diesen Mordgeschichten – Realität inmitten der Fiktion.

Der Inhaber des Ganzen, ein gewisser Herr Peter, wirkte abgeklärt, zu cool, fand Gerhard. Und auch die Tatsache, dass er einen wahrhaft göttlichen Espresso servierte, machte das nicht besser. Auch seine Geschichte klang unglaubwürdig. Gestern Abend hatte es hier eine Lesung gegeben, irgend so eine regionale Krimilady, die es ja neuerdings – für Gerhard völlig irrsinnig – in inflationärer Menge gab. Man hatte dann noch über das Werk geplaudert, spät war es geworden. Peter war zu Bett gegangen, hatte lange geschlafen, hatte natürlich für die Nacht kein Alibi und hatte beschlossen, anderntags aufzuräumen, klar Schiff zu machen, am Sonntag war ja geschlossen. Hatte aufgesperrt und da war die Tote gewesen. Ein Fenster war aufgebrochen. Der gute Herr Espresso war unschuldig wie ein Lamm und für Gerhards Geschmack zu ungerührt.

»Kennen Sie die Tote?«, fragte die Miesbacher Kollegin, nicht ohne Gerhard vorher einen fragenden Blick zuzuwerfen.

Er nickte ihr zu, ihm war das nur recht, wenn sie in die Bresche sprang. Er hasste Krimis. Und Leute, die so was zum Verleih sammelten und andere infizierten, waren ihm höchst unsympathisch.

»Ja.«

»Und weiter?«

»Das ist Rebecca Loos, Architektin aus München.«

»Sie kennen Sie also?«, fragte die Kollegin erneut.

Peter nickte, Gerhard war nicht ganz klar, warum die Miesbacherin die Frage wiederholt hatte und schon gar nicht, dass sie murmelte »Das ist natürlich anders«.

Er mischte sich wieder ein. »Und weiter? Was macht sie tot in Ihrer Krimibibliothek? Was haben Sie mit ihr zu tun?«

Peter nippte ungerührt an seinem Espresso. »Ist Ihnen die Villa Regina ein Begriff?«

Gerhard überlegte kurz. Villa Regina, klar. Das war ein Seeshaupter Politikum. Eine Villa, die abgerissen werden sollte, eine aufgebrachte Volksseele, die das verhindern wollte. Bisher hatte das die Kripo zwar nicht betroffen, aber Gerhard kannte das Intranet, und da hatte es Weisung gegeben verstärkt Streife zu fahren. Einigen der Bewohner war bereits gekündigt worden, angeblich lagen aber bei anderen Kündigungen Formfehler vor. Intern hatte man auch spekuliert, dass so was die Hausbesetzer-Szene anlocken würde. Diese Villa war unter Beobachtung, und ihm stand es auch nicht zu, darüber zu urteilen, ob das nun rechtens war, das Ding abzureißen. Es kratzte ihn nicht, dass Seeshaupt damit eine ›identitätsbildende Landmarke‹ verlor. So hatte ein Leserbrief im *Tagblatt* gelautet. Ihm war das Ortsbild von Seeshaupt generell völlig schnurzpiepegal. Und ein gespaltenes Dorf auch – allein die Frau mit den Würgemalen veränderte einiges.

»Und Sie sind natürlich auf Seiten der Abrissgegner?«, raunzte Gerhard.

»Ich gratuliere zu Ihrer Menschenkenntnis«, sagte Peter. »Ja, bin ich. Einige Treffen der Bürgerinitiative fanden bei mir im Café statt. Frau Loos hingegen war auf Seiten der Befürworter, übrigens Tochter des Stararchitekten Loos. Sie musste dafür sein, denn sie war beauftragt, nach dem Abriss das Gelände neu zu gestalten. Ohne Abriss kein Job für die gute Rebecca Loos.«

Gerhard starrte ihn an. Ein witziger Zyniker, der Herr Peter. Entweder dumm oder unverfroren. »Ihnen ist schon klar, dass Sie mir hier gerade ein Motiv liefern. Frau Loos war eine Gegnerin Ihrer Gruppierung und liegt nun stranguliert in Ihrer Bude?«

Das Wort Bude schien dem Herrn Cafétier zu missfallen, er runzelte die Stirn, ansonsten sagte er ruhig: »Ich bin kein Mitglied der Initiative, ich habe nur etwas gegen Behördenwillkür.«

Gerhard war entnervt. Es war nach wie vor affenheiß, der Caffè doppio hatte ihn noch weiter erhitzt. Inzwischen waren Arzt und Spurensicherer eingetroffen. Der Arzt nahm den Todeszeitpunkt so gegen drei Uhr nachts an.

Gerhard und die Kollegin hatten sich über die Leiche gebeugt.

»Fällt Ihnen was auf?«, fragte die Kollegin.

»Sie ist tot.« Gerhard war kurz vorm Überkochen.

»Sie war die Tochter von Loos, Geld wie Heu. Das Kleid ist billigste Ware. Die Zehennägel und Fingernägel sind nachlässig lackiert, über den Rand geschmiert, keine Frau von Welt macht solche Fehler.«

Gerhard hatte die Stirn gerunzelt. »Das heißt?«

»Das Kleid wurde ihr angezogen, jemand, der oder die extrem selten Nägel lackiert, hat sich da als Maler versucht. Auch der Lippenstift ist billig und so dilettantisch aufgetragen, dass sie das niemals selber gewesen ist.«

Gerhard nahm die Kollegin zur Seite, zog sie in die angrenzende Buchhandlung, in der es dankenswerterweise nicht nur Krimis, sondern auch Bergsportbücher und Bildbände gab.

»Und Sie wissen auch, wer das getan hat?« Er konnte den Sarkasmus nicht unterdrücken.

»Das nicht, aber es war jemand, der Peter hasst, ihm den Mord anhängen will und ihm hiermit ein Ei gelegt hat.«

»Ein totes Ei. In der Bibliothek.« Gerhard schüttelte den Kopf.

»Und damit haben Sie den Schlüssel gefunden«, sagte sie kryptisch, und bevor Gerhard nachhaken konnte, kam ein Kollege rein. »Die Frau wurde nicht hier erwürgt, sie wurde hier nur abgelagert.« Er lächelte schief.

Abgelagert, die Dame war doch kein Schinken! Gerhard litt.

»Auch das dachte ich mir«, sagte die Kollegin.

Gerhard wurde das alles zu viel. Er machte eine unwirsche Kopfbewegung zum Durchgang hin. »Reden Sie mit Peter, Sie sind doch die Hellseherin!«

»Nein, das nicht. Nur eine Infizierte.«

Was hieß das nun schon wieder? Sie hatte sicher einen Sonnenstich. Wie hatte er die Frau nur mitnehmen können?

Die Kollegin wandte sich wieder an Peter. »Haben Sie Feinde?«

Er lachte. »Dutzende. Menschen wie ich haben in Dörfern immer Gegner. Anderssein irritiert und das halten viele nicht aus.«

Auch sie lachte kurz auf. »Haben Sie jemanden, der Sie so richtig hasst, der ihnen die Pest an den Hals wünscht?«

Er musste nur kurz überlegen. »Arthur Ash, Künstlername, ich weiß gar nicht, wie der richtig heißt. Der kommt fast täglich und will, dass ich seine Krimis aus dem Eigenverlag bei mir ausstelle. Die sind aber so schlecht, dass ich das niemandem zumuten will. Der Mann ist die Pest!«

Die Miesbacherin nickte wieder und lächelte leise. »Kennt er die Christie?«

»Aber das ist es ja!« Peter schmetterte das heraus und sah ähnlich verdutzt aus wie Gerhard.

DER KOPIST NICOLA FÖRG

Sie legte den Kopf zur Seite. »*Im Roman wird die Leiche immer in der Bibliothek gefunden*«, rezitierte sie. »Sagt Lord Bantry. Zweites Kapitel in der Fischer-Taschenbuch-Ausgabe von 2004. Ich will Sie jetzt nicht nerven mit den anderen Ausgaben.«

»Häh?« Mehr hatte Gerhard nicht mehr zu sagen.

»›The Body in the Library‹, Originalausgabe bei HarperCollins London, 1942. Nicht unbedingt Agatha Christies bestes Buch. Ich mag Miss Marple eh nicht besonders.« Sie machte eine kurze Pause und rezitierte dann: »›... *lag etwas Neues, Grelles, Melodramatisches. Ein knallig aufgemachtes junges Mädchen. Das Gesicht war stark geschminkt. Das Scharlachrot der Lippen glich einer klaffenden Wunde.*‹«

Immer noch starrten die beiden Männer die zierliche Frau an. Sie machte eine angedeutete Verbeugung. »Ich muss mich outen. Ich bin ein Agatha-Christie-Addict. Ich besitze rund 5.000 Bände, alle Ausgaben, in vielen Sprachen. Sie glauben gar nicht, was für Übersetzungsfehler Sie ...«

Gerhard unterbrach sie: »Sie wollen uns weismachen, jemand hat für den Mord Motive aus einem Roman verwendet?«

»Nicht aus einem, aus ›Die Tote in der Bibliothek‹.« Das war eine harsche Rüge. »Was natürlich nicht stimmt, ist die Tatsache, dass Herr Peter die

Dame kennt. Colonel Bantry kannte seine Leiche nicht. Was aber stimmt, ist, dass die Leiche transloziert wurde.«

Sie sagte transloziert, Gerhard war völlig im Eimer.

»Basil Blake fand die Leiche und hatte die Idee, sie wegzuschaffen.« Sie atmete wieder durch. »›*Ich schaff sie in die Bibliothek vom alten Bantry. Verdammt aufgeblasener alter Knacker, sitzt immer auf dem hohen Ross, nennt mich einen verweichlichten Künstler und macht sich lustig über mich.*‹« Sie sah Peter an. »Sie haben sich über Arthur Ash lustig gemacht, nehme ich an und er dachte wie Basil Blake: ›*Wird schön dumm aus der Wäsche schauen, wenn plötzlich eine tote Blondine ...*‹ Verstehen Sie, Herr Peter?«

Der war in einen seiner Sessel gesunken. »Können Sie alle Bücher zitieren?«, fragte er nur.

»Viele. Allerdings lieber auf Englisch«. Sie lächelte.

Gerhard starrte von einer zum anderen. »Sie wollen sagen ...«

»Ich stelle mir das so vor. Arthur Ash hat die Tote gefunden, umgestylt und bei Herrn Peter abgelegt. Um ihn zu treffen. Er hätte ja auch ein Motiv gehabt. Diese Villa-Regina-Initiative.« Sie war überzeugt, das war ihrer Stimme und ihrer Gestik anzumerken. Sie hatte keine Zweifel.

Der abgeklärte Herr Peter war nun allerdings völlig in sich zusammengesunken. »Das wäre dem Aas Ash auch gelungen, wenn Sie nicht …«

»Moment!« Gerhard schrie fast. »Das ist pure Theorie. Hirngespinste von zwei Krimi…, äh Krimidoofen.«

»Tun Sie mir doch den Gefallen und fahren mit mir zu Ash. Bitte.« Die Kollegin legte Schmelz in ihre Stimme.

Gerhard hatte keine Ahnung, warum er das tat. Wahrscheinlich, um den Büchern zu entkommen.

Sie fanden Ash in einer heruntergekommenen Wohnung im Erdgeschoss eines zur Seite geneigten abgeblätterten Bauernhauses in Magnetsried.

»Sie haben aber lange gebraucht«, sagte der Mann, der vor seinem Laptop saß.

»Geht so. Sie geben also zu, Rebecca Loos ermordet zu haben?« Gerhard war völlig konsterniert.

»Mord!« Er warf den Begriff angewidert hin. »Mord, ich bitte Sie! Ich habe die Dame lediglich in der Bibliothek arrangiert. Sie war schon tot.«

»Um Herrn Peter zu treffen?«, fragte die Miesbacherin ganz sanft.

»Natürlich.«

»Warum?«

»Er hat immer gesagt: Du bist ein Kopist, du hast keine eigene Handschrift, du machst doch immer nur Agatha Christie nach. Und das verdammt schlecht.«

Im Verlauf der weiteren Ermittlungen stellte sich heraus, dass Rebecca Loos wegen einer Eifersuchtsgeschichte ermordet worden war. Sie war auch nicht mit dem Neckholder dieses Kleides, sondern mit einem Seil stranguliert worden. Ash hatte sie wirklich nur im Garten der Villa Regina gefunden, wo er für einen Krimi recherchiert hatte. Er wurde angeklagt, bekam viel Publicity – und einen Verlag, der seine Bücher plötzlich drucken wollte. Gerhard war in Weilheim zum Stöppel gegangen und hatte sich ein Buch gekauft, den Kragen hochgeschlagen, hoffentlich hatte ihn keiner erkannt. Schnell hatte er den Band unter die Jacke geschoben. Niemand sollte den Titel erkennen: ›Die Tote in der Bibliothek‹.

ONO MOTHWURF
MILCHEIS

Als er aufwachte, wusste er nicht, dass der kälteste Tag des Jahres angebrochen war. Ihn fröstelte. Er wusste auch nicht, dass er noch genau 15 Stunden und ein paar Minuten zu leben hatte. Gut, es war schon gestern kalt gewesen, unter minus 10 Grad, aber diesen Tag hatte er ja nun erwiesenermaßen überlebt. Also heute.

Der See lag unter einem Eisdeckel begraben, der von den Rändern her immer dicker wurde. Föhn war keiner in Sicht. Da lag der Gedanke natürlich nahe, dass es auch heute kalt werden könnte. Eiskalt. Und mit Eis kannte er sich aus. Er wusste alles über Champagnersorbet, über Mango-Chili-Eis und, so trivial es auch klingen mochte, über Erdbeereis. Aber nicht irgendein Erdbeereis, sondern das perfekte Bio-Erdbeereis, die Kugel für 1,90 Euro. Vom

Feinschmecker-Magazin im letzten Frühjahr als bestes Erdbeereis Deutschlands ausgezeichnet.

Mit diesem Ereignis war sein Geschäft vom Steigflug in einen Raketenstart übergegangen. Alle wollten Erdbeereis haben, er kam mit dem Ausbau der Produktion kaum nach. Zwei perfekte Sommer, zweimal fünf heiße Badewochen im Juli und August taten ein Übriges, um ihn zu einem bekannten Mann zu machen. Zu einem reichen, bekannten Mann.

Das alles schien ihm Jahre her zu sein. Der Sommer war weg. Das Hochgefühl auch. Stattdessen fror der See zu. Alle 40 Jahre passierte das. Zuletzt bei seiner Geburt.

Er nahm einen Schluck aus dem Kaffeebecher und ließ den Blick über die Seeshaupter Bucht gleiten. Es war nicht mehr auszumachen, wo das Land aufhörte und das gefrorene Wasser anfing. Eine durchgehende, weiße Fläche. Und darüber ein bleigrauer Himmel.

Im Sommer konnte er den See überhaupt nicht sehen, sein Haus hatte keinen Seeblick, nicht einmal Teilseeblick, sondern nur Winterseeblick, wenn die bescheuerten Riesenbäume der Nachbarn endlich ihr Laub abgeworfen hatten. Aber er fühlte keinen Ärger auf seine Nachbarn. Was er fühlte, war Angst.

Man hatte es entdeckt. Und bald würden es alle wissen. Wieder fröstelte ihn, er zog den Gürtel seines Bademantels enger, während er durch die Zweige auf den See starrte.

Was war das für ein seltsames Licht, in St. Heinrich? Dort drüben auf der Robinson-Insel? Ein roter, kleiner, heller Punkt leuchtete ihm von dort aus entgegen.

Eis-Alex, wie man Alexander in Seeshaupt und dem ganzen Umland nannte, wandte den Kopf zur Seite und blickte auf die Wand hinter sich. Und auf einmal wusste er, was das für ein Punkt war. Reflexartig warf er sich auf den Boden. Der rote Punkt blieb über ihm leicht zitternd an der Wand stehen. Der rote Punkt eines Laser-Zielfernrohres.

Alexander lag unter dem Fenster und dachte nach. Ausgeschlossen, dass jemand mit einem Gewehr quer über den See treffen würde. Zweieinhalb Kilometer, dafür braucht man schon einen Leopard-Panzer. So groß, dass deswegen ein Krieg angezettelt würde, war sein Geheimnis nun auch wieder nicht.

Alexander beruhigte sich, der kurze Adrenalinschub hatte ihn erhitzt, jetzt spürte er die Kälte wieder, die durchs Fenster hereinströmte. Und er ärgerte sich über den verschütteten Kaffee, der seinen Bademantel bekleckert hatte.

Er spähte über den Fensterrand, und da war es wieder. Ruhig und unverwandt leuchtete es rot zu ihm herüber. Eine Einladung mit einem Jagdgewehr, um eine alte Feindschaft aufzuwärmen? Von Johann? Seit acht Jahren hatte er nichts mehr von ihm gehört.

Es war ein heißer Freitagnachmittag gewesen, damals, und die Münchener waren wie immer an das Ostufer des Sees geströmt, wo sie an den wilden Badeplätzen ihre Handtücher und ihre blassen Bürokörper ausgebreitet hatten. Nur die wenigsten hatten Verpflegung dabei gehabt. Alexander hatte sich nie darüber Gedanken gemacht, warum das so war. Waren die Münchener so spontan? Oder so unorganisiert? Zu einem richtig schönen Badeausflug gehörte doch eine richtig schöne Brotzeit. Das wusste Alexander, seit er sechs war und mit seinen Eltern am alten ADAC-Badeplatz in St. Heinrich die Wochenenden eingeläutet hatte. Jeden schönen Freitag im Sommer waren sie da gewesen. Mit Stolz hatte er die neidischen Blicke registriert, als seine Mutter den Korb mit dem Abendessen ausgepackt und auf einer Decke ausgebreitet hatte, wo sie dann im Sonnenuntergang tafelten, und schwammen und tafelten und schwammen, bis Alexander die Augen zufielen. Er hatte das nie vergessen. Und als Student ein gutes Geschäft draus gemacht. Alexander organisierte sich beim Simmerding in Leoni einen alten Fischerkahn, pflanzte ihm einen Elektromotor, eine Stereoanlage, einen großen bunten Almdudler-Sonnenschirm, eine Schiffsglocke und zehn Eisboxen ein, und klapperte als Fast-Food-Gondoliere alle Badeplätze von Seeshaupt bis Kempfenhausen ab. Das Boot war so flach gebaut, dass er damit direkt ans Ufer fahren konnte, und so auch die für die Eiswägelchen unzugänglichsten Buchten erreichte. Sandwiches, Almdudler, Bier und Eis standen auf dem Programm. Um sieben Uhr abends war er bereits ausverkauft, an besonders schönen Tagen um sechs. Dann füllte er die Kühlboxen noch einmal am alten Kiosk auf der Robinson-Insel auf, wo er sein Basislager hatte, um ein zweites Mal rauszufahren.

An diesem Freitagnachmittag war Sylvia da. Sie stand mit ihren hochgekrempelten weißen, weiten Hosen und ihrem weißen Spaghettiträger-Top im flachen Wasser, um sich abzukühlen. Missmutig stapfte sie im Schlamm herum, schaukelte von links nach rechts, verlagerte das Gewicht vom linken auf den rechten Fuß, eigentlich fand sie den kalten Schlamm zwischen ihren Zehen eklig. Aber zurück ans Ufer wollte sie auch nicht, da stand Johann.

Das Ufer vor der Robinson-Insel, wie die Einheimischen die kleine Halbinsel getauft hatten, fiel so flach ab, dass man auch 50 Meter weiter draußen noch stehen konnte und den Grund unter den Füßen spürte. Da stand sie nun, wie ein viel zu junger, viel zu hübscher Kurgast im Kneippbecken. Alexander sah sie schon von Weitem, als er aufs Ufer zu fuhr. Als weiße Gestalt auf spiegelnder Fläche hob sie sich vor dem dunklen, grünen Uferwäldchen gut ab.

»Hallo, Fräulein Jesus, klappt's heute nicht, mit dem Überswasserlaufen?«, flachste Alexander sie im Vorbeifahren an.

»Nicht so gut wie bei dir!«, gab sie nur matt zurück. Er kannte Sylvia vom Sehen, Johanns Eltern hatten den Kiosk auf der Robinson-Insel gepachtet. Alexander roch den Pulverdampf nach der Schlacht, der zwischen Johann und Sylvia in der Luft lag, als er die leeren Kühlboxen wieder auffüllte. Johann stand muffelig im Halbschatten der alten Eichen herum.

»Was ist denn mit Euch los?«, fragte Alexander leichthin, während er die frischen Kühlakkus über seiner Ladung verteilte.

Johann stöhnte: »Ach Weiber! Kein Bikini dabei, kein Badetuch, keine Liegedecke ...«

»... kein Picknickkorb, kein Prosecco, keine Musik«, ergänzte Alex. »Du bist ein Anfänger, Hansl. Aber du lernst es schon noch. Servus, ich muss weiter!« Er sprang vom Ufer auf den Bug des langen Bootes, um zum Heck hinzulaufen. Mit einem leichten Ruck löste es sich vom Kiesufer und trieb rückwärts auf den See hinaus. Auf die Stelle zu, an der Sylvia stand.

Er bückte sich. Nicht, um den Motor anzuschalten, sondern um die Sitzbank zu öffnen, unter der sich ein kleiner Stauraum verbarg. Daraus holte er ein blau-weiß gestreiftes Handtuch hervor und reichte es Sylvia. Sie schien kein bisschen überrascht zu sein. Anstatt das Handtuch zu nehmen, ergriff sie die Hand, die das Tuch hielt, und ließ sich aufs Boot ziehen. So leicht war das gewesen.

So hatte es Alexander jedenfalls in Erinnerung. Johann hatte es naturgemäß ganz anders gesehen. Soweit man im Gegenlicht einer untergehenden Sonne, die den ganzen See in Brand setzt, überhaupt etwas erkennen kann. In seinen Augen hatte Alex ewig lange mit Sylvia geflirtet, bis er sie endlich dazu überredet hatte, auf eine kleine Fahrt mitzukommen. Aus der dann eine größere Fahrt geworden war. Inklusive drei amouröser Zwischenstopps. Und die deshalb erst kurz nach halb zwölf geendet hatte.

Aber nun waren sie verheiratet, Sylvia und Johann, und hatten aus dem Kiosk ein schmuckes, kleines Restaurant gemacht. Während Alex vom Semmel-Gondoliere zum Eisbaron aufgestiegen war.

Rot blitzte es vom Dach des Restaurants herüber. Rot? Die Farbe der Liebe? Wollte Sylvia wieder etwas von ihm? Alexander hatte vorsichtig seinen Feldstecher geholt und spähte hinüber, wobei er vermied, den Laserstrahl direkt anzusehen. Es war Montag, heute hatte das Restaurant geschlossen, vielleicht war es gar keine schlechte Idee, Sylvia zu besuchen.

Ein Klingeln an der Tür riss ihn aus seinen Träumen. Der Postbote stand da und rollte verlegen mit den Augen.

»Schon wieder?«, fragte Alexander. Der Bote nickte nur und überreichte ihm ein leeres, flaches Päckchen. Ein Milchpäckchen. Ordnungsgemäß abgestempelt, im Postamt 83646 Bad Tölz. Als Absender stand wie immer ›B. Bauer, Bergbauernweg 1, Tölz‹ auf dem Paket.

»Wieso verschickt einer aus Bad Tölz ein Päckchen mit holländischer H-Milch?«, fragte der Postbote noch, da hatte sich Alexander schon umgedreht und die Tür zugeknallt.

Es war ein strahlend sonniger Tag. Der erste nach einer Woche Nebel. Vorsichtig betrat Wondrak die Eisfläche. »Sie brauchen keine Angst haben, Herr Kommissar, der See ist bis zum Boden zugefroren!«, begrüßte ihn Schallinger, ein junger Polizist aus Penzberg.

»Sehr witzig. Der See ist bekanntlich 120 Meter tief.«

»Ja, aber nicht hier. Hier ist er nur so tief, wie das Eis dick ist. Einen halben Meter.«

Wondrak ging auf den steifgefrorenen Körper zu. »Aha. Und wen haben wir hier?«

»Alexander Schnitzer, den Eisbaron von Seeshaupt.«

Wondrak runzelte die Stirn. »Eisbaron? Ihr Humor ist erfrischend. Mir vergeht der Spaß immer, wenn ich mich auf Eis bewege. Egal, ob auf dickem oder dünnem Eis.«

»Sie kennen den Eis-Alex nicht? Da entgeht Ihnen was. Oder besser gesagt: da ist Ihnen etwas entgangen. Der macht doch das beste Eis weit und breit! Kein Witz!«

Wondrak rieb seine behandschuhten Hände aneinander. Eher eine Geste der Verlegenheit, als der Wärmeerzeugung. »Oh, eine Bildungslücke«, gestand er.

Man muss sich die Bühne für dieses kriminalistische Fachgespräch so vorstellen:
Am Himmel: eine strahlende Sonne auf blauem Winterhimmel. Am Boden: eine dunkle, glatte Eisfläche. Am Ufer: Das rot-weiße Absperrband der Polizei. Dahinter: die vom Lokalradio angelockte gaffende Menge. Davor: Kommissar Wondrak und der junge Polizist Schallinger. Im Mittelpunkt: eine steifgefrorene Leiche, die auf einem Strohballen sitzt und auf den See hinausschaut. Geknebelt. Mit nackten Füßen. Bis zu den Knöcheln im Eis festgefroren.

»Wie kriegen wir den vor dem nächsten Frühling wieder raus?«

»Ich hab schon die Feuerwehr angefordert, wenn die Spurensicherung weg ist, können sie ihn mit der Heizkanone auftauen.«

»Gut. Aber frag lieber vorher bei der Gerichtsmedizin nach, ob die was dagegen haben, wenn wir ihn grillen.«

»Okay«, meinte Schallinger, der das offensichtlich für einen berechtigten Einwand hielt und sein Telefon zückte.

Wondrak kniete sich neben den Toten hin und untersuchte das Eis. »Wieso ist denn das so weiß?« Rund um den Toten war ein etwa zwei Meter großer Fleck, kreisrund und milchig-weiß. »Sieht aus, als würde der Eisbaron im Milchsee sitzen.«

Der Hof war ganz einfach zu finden. Er war gut ausgeschildert. Je näher man kam, umso höher wurde die Schilderdichte.

›Gute Preise für gute Milch!‹
›Stirbt der Milchbauer, stirbt das Land!‹
›20 Cent sind zu wenig!‹

Der Bauer Naglinger war im ganzen Land bekannt für seinen Kampf um einen fairen Milchpreis. Im vergangenen Sommer hatte er gemeinsam mit anderen Bauernkriegern ein paar Millionen Liter Milch mit Gülleanhängern auf den Feldern verteilt. Danach war er nach Brüssel gereist, hatte vor dem Gebäude der EU-Kommission einen Scheiterhaufen errichtet und ihn dann mit Milch gelöscht. Mit symbolträchtigen Inszenierungen kannte er sich aus.

»Herr Naglinger, wo waren Sie vorgestern Abend?«, fragte Wondrak.

»Da war ich ab sieben bei der Vereinssitzung. Ab zwölf bei meiner Frau im Bett und ab fünf Uhr morgens im Stall. Fragen Sie meine Kühe.«

»Kennen Sie den Alexander Schnitzer aus Seeshaupt?«

»Den Eis-Alex, den Eiszapfen, den traurigen? Ja, klar. Aber meinen Sie, dass ich oder irgendwer anderer den Bauern kennt, von dem der seine Bio-Milch hat? Naa! Der sitzt nämlich in Italien oder Holland. Und schreibt Bio auf seine Industrie-Drecksmilch drauf, die er sich billig irgendwo zusammenkauft.«

»Reicht das als Mordmotiv?«, fragte Wondrak geradeheraus.

Naglinger grinste Wondrak entspannt an: »Mord – geh, Herr Kommissar! Meine Hochachtung vor der Kreatur schließt nicht nur Kühe und Schweine, sondern auch Milchpanscher, Wirtschaftskriminelle und andere Arschlöcher ein.«

»Kann sein. Aber jetzt sind wir schon hier, da ist der Durchsuchungsbeschluss, wir schauen uns mal um, vielleicht finden wir ja einen Strohhalm, der in unser DNA-Puzzlespiel passt.«

Nichts passte in irgendein Puzzlespiel. Weder Naglinger noch Johann oder Sylvia noch sonst jemandem war das Geringste nachzuweisen. Das Milcheis, das Eis-Alex festgehalten hatte, bis er erfroren war, bestand aus billigster Supermarktmilch, so viel hatten die Spurensicherer herausgefunden. Alexander Schnitzer war betäubt worden, danach hatte man ein Loch ins Eis geschlagen, seine nackten Füße hineingestellt, Milch hineingegossen, ihn auf den Strohballen gebunden und gewartet, bis er festgefroren war. Mindestens zwei Täter hatte es dafür gebraucht, vermuteten die Ermittler. Und von keinem der zwei oder drei Milchmörder war auch nur die kleinste Spur zu entdecken.

Das Milcheis hatte sich längst in den Fluten des Sees aufgelöst, als bei den Privatadressen der zehn größten Milchbarone Europas zeitgleich eine E-Mail einging.
    Es war eine Nachtaufnahme von dem barfüßigen, tiefgekühlten Alex auf dem Eis vor der Robinson-Insel, losgeschickt aus einem Internetcafé in Tutzing. Mit der unmissverständlichen Botschaft versehen:

›Ist es cool, Gen-Milch als Bio-Milch zu verkaufen?
    Nein, es ist tödlich.‹

Unterschrieben war die Mail mit:
    ›M.I.L.K.
    Militante Internationale Laktotische Kampftruppe‹

Wie bedrohlich dieses knappe Schreiben wirklich war, zeigte sich erst, als die aufgeschreckten Milchbarone die jeweiligen Sicherheitsdienste ihrer Länder eingeschaltet hatten. Denn bei der elektronischen Spurensuche nach dem Absender der Mail entdeckte jeder eine verräterische kleine digitale Signatur im Foto, die scheinbar unbeabsichtigt den Besitzer der Kamera oder zumindest ihren Standort verriet. Es dauerte nicht lange, da hatte jeder Milchbaron seinen ärgsten Konkurrenten in Verdacht. Und bei Kommissar Wondrak stand das Telefon nicht mehr still.

»Das versteh ich nicht«, sagte Wondrak in einer Telefonpause zu Nick, dem Computerspezialisten im Kommissariat. »Hat sich der holländische Milchbaron erst unseren Seeshaupter Eisfabrikanten vorgeknöpft und nun terrorisiert er mit dem Foto des Toten seinen deutschen Konkurrenten, oder wie muss ich mir das vorstellen?«

»Zumindest soll der deutsche Milchbaron glauben, dass ihn der Holländer terrorisiert. Aber der Holländer fühlt sich ja genauso bedroht.«

»Von wem?«, fragte Wondrak.

Nick blickte auf einen kleinen Netzplan mit zehn Namen und 20 Pfeilen, den er sich gezeichnet hatte.

»Jeder Milchbaron hat auf seinem Foto eine andere Signatur. Sie ist nur von Experten zu finden. Und sie sieht aus, als hätte jemand versucht, die Signatur zu löschen, das ist wirklich kunstvoll gebaut. Deshalb fühlt sich nun der Holländer vom Österreicher bedroht, der Italiener vom Belgier, der Belgier vom Franzosen und so weiter. Respekt, das war richtig viel Arbeit. Und deshalb sind auch alle drauf reingefallen.«

»Raffiniert. Und wozu? Um die Milchpanscher vom Panschen abzuhalten?«

Nick hob den Becher Buttermilch, aus dem er gerade einen Schluck getrunken hatte, vor seine Augen und blickte ihn nachdenklich an. ›Bio Buttermilch‹ stand drauf.

Wenn's kompliziert wird, stellte Wondrak immer die einfachste Frage: »Wem nützt's?«

Wondrak hob den Telefonhörer ab, um seinen Chef anzurufen. »Servus Stürmer, in der Mordsache Alexander Schnitzer brauchen wir noch ein bisschen Zeit.«

»Wie lange?«

»Ein Jahr vermutlich.«

Gut zwölf Monate später saß ihm Viktor Eliasson gegenüber, der Chef der Bio-Regiomilch AG aus Bad Tölz. Er war als Sieger einer erbitterten europäischen Milch-Übernahmeschlacht hervorgegangen. Während die meisten anderen Milchbarone (vielleicht unter dem Eindruck einer mysteriösen E-Mail?) ihre Kapazitäten verringert und sich einen Qualitätskurs verordnet hatten, konnte Eliasson die freiwerdenden Milch-Kapazitäten in ganz Europa aufkaufen. Mit der idyllischen grün-weißen Verpackung, die bayerische Voralpenmilch suggerierte, hatte er den Preiskampf daraufhin so verschärft, dass seine Konkurrenten nicht mehr mithalten konnten. Zwei von ihnen hatte Eliasson bereits aufgekauft. Aus diesem Grund kam ihm Wondrak auf die Spur.

Erst fängt man die Hand, dann den Kopf. Zuerst hatte der IT-Experte, der die E-Mails für ihn präpariert und verschickt hatte, im Rahmen eines Zeugenschutzprogrammes alles erzählt. Und jetzt war also Eliasson dran.

»Warum ausgerechnet Alexander Schnitzer?«, fragte Wondrak.

Eliasson wurde nun seit sechs Stunden ununterbrochen verhört. Nach vier Stunden hatte sein Anwalt zwar gesundheitliche Bedenken geäußert, doch Wondrak hatte schmunzelnd abgewunken. Mit Hinweis auf einen Artikel in einer Wirtschaftszeitung, in der Eliasson als konditionsstarker Verhandler gefeiert wurde, der seine Gegner schon mal neun Stunden nonstop am Sitzungstisch festhielt.

Viktor Eliasson war müde. Er ließ seinen Blick aus dem Fenster gleiten. »Es ist lange her. Acht oder neun Jahre. Wir waren zum Segeln auf dem Starnberger See. Ich hatte Gäste. Uns war der Prosecco ausgegangen und da sind wir zu diesem kleinen Boot mit dem Sonnenschirm gefahren und wollten ihm was abkaufen. Und da sagte der junge Mistkerl nur frech: »An Schiffe über zwölf Meter mit eigenem Kühlschrank verkaufe ich prinzipiell nichts.«

CHRISTINE GRÄN
MILLIONÄRSSPIEL

Wo ein Wille ist, ist ein Weg.

Lily hat diesen Satz mit Lippenstift auf ihren Badezimmerspiegel geschrieben. Sie liest ihn oft, weil sie gern vor dem Spiegel steht. Sie schminkt sich mit großem Ernst, denn sie muss ihr Kapital pflegen. Hübsche Kellnerinnen bekommen mehr Trinkgeld. Obwohl sie sich lieber als Empfangsdame mit Serviercharakter bezeichnet. Lily arbeitet nicht in einer Gaststätte, sondern im Golfclub. Und er liegt dort, wo die meisten Millionäre Deutschlands leben: am Starnberger See.

Lily hat keinen Beruf erlernt, doch sie hat ihre Berufung gefunden: einen Millionär zu angeln. Seit zehn Jahren arbeitet sie daran, sie ist 38 und findet, dass der Wille allmählich zum Weg werden sollte. Keine

Panik bisher, aber doch ein gewisser Groll gegen die Zeit, die gegen sie arbeitet. Sie verbringt zunehmend mehr Zeit vor dem Spiegel, beim Friseur, im Fitness-Center und vor dem Kleiderschrank. Sein Inhalt ist übersichtlich, weil sie nur Teures kauft, Millionärskleidung eben, und es ist Wahnsinn, für einen Pullover einen Monatslohn auszugeben. Doch der Wahnsinn hat Methode, und Lilys Wille ist stärker denn je.

Die Konkurrenz wächst heran und ist jünger als sie. Was sie von den hübschen Gören unterscheidet, ist die Zielstrebigkeit. Es darf kein Scheitern geben. Wer scheitert, wird zum Verlierer. Sie will keine sein, die vor der Hofpfisterei für altbackenes Brot ansteht. Das hat sie getan, als sie noch in München jobbte, wo die Millionäre ebenso wie die hübschen Frauen in der Masse untergehen. Deshalb zog sie nach Feldafing, um im Golfclub zu kellnern. An den Wochenenden hilft sie abends im Yachtclub aus, zwei Jagdreviere, in denen sie kapitale Böcke zu erlegen hofft.

Kein Mann unter einer Million: Das hat sie sich mit 21 geschworen, als sie erkannte, dass sie nur auf ein hübsches Gesicht und einen kurvenreichen Körper zählen kann. Er neigt zur Üppigkeit, doch dies bekämpft sie ebenso verbissen wie die ersten Falten, die sich um die Augen zeigen. Verliererfalten, die einen nach unten ziehen in das kleine Leben, das sie so schrecklich findet. Als kleines Mädchen schon hat sie vom Prinzen geträumt, der sie auf einem weißen Schimmel, später Porsche, aus dem Verließ befreit, dem Bauernhof bei Vilshofen, auf dem sie aufwuchs. Für dieses Leben war sie nicht geschaffen; den Gestank der Gülle und das Grunzen der Schweine. Lily erzählt allen, dass sie Waise ist. Seit sie aus Vilshofen verschwand mit 16 Jahren, ist sie nie wieder dorthin zurückgekehrt.

Es gab Affären, die auch mal unter ihrer monetären Grenze lagen. Es gab Begegnungen mit Millionären, die manchmal nur eine Nacht dauerten. Es gab Hannes, der leider verheiratet war. Hannes war 65 und mit Abzug seiner Millionen ein zauberhafter Jüngling. Lily hat alles an Charme und stählernen Willen in diese Beziehung investiert. Sie hatte ihn schon so weit, dass er sich scheiden lassen wollte. Und dann musste dieser Idiot bei Sturmwarnung mit seinem Boot hinausfahren. Millionäre haben den Hang, sich zu beweisen, dass sie besser sind als die anderen. Hannes erlitt einen Herzanfall beim Manövrieren und ertrank. Mit ihm gingen ihre Träume unter, weil er leider vergessen hatte, ein Testament aufzusetzen. Die Witwe erbte.

Wenn sie an Hannes denkt, ist Lily immer noch wütend. Manchmal, wenn sie am Ufer steht und eine Zigarette raucht, murmelt sie Verwünschungen in Richtung des Sees, der ihren Millionär geschluckt hat. Doch es gibt gottlob noch andere, zu identifizieren an ihren Autos, Yachten, Uhren und Schuhen. Nur nicht aufgeben, niemals aufgeben, die Zähne zusammenbeißen, die G'stopften bedienen und immer nur lächeln. Ausschau halten nach Männern ohne Begleitung, besser noch ohne Ehering, und die Jahresringe sind ihr egal, wenn nur das Konto stimmt.

Lily wohnt in einer Villa in Feldafing, allerdings im Keller, der als Souterrainwohnung vermietet wird. Die Adresse ist erstklassig, die Unterkunft ein feuchtes Loch, doch Schein gilt mehr als sein, und wenn sie auf ihrem Ikea-Bett liegt, träumt sie von einem Haus, das sie vom Feinsten einrichten wird. Armut geht mit einem gewissen Mangel an Schönheit einher, und Kellnerinnen verdienen haarsträubend wenig. Sie überleben mit Trinkgeldern, doch Lily ist immer noch erstaunt, wie geizig die Reichen sein können. Wenn sie erst einmal dazugehört, wird sie anders sein, großzügiger, und ein Lottogewinn ist immer noch unwahrscheinlicher als ein Millionär.

Zum Abitur hat es nicht gereicht, aber Lesen und Schreiben kann Lily, Rechnen auch, und mit der Zeit hat sie sich übers Fernsehen, durch Zeitschriften und Sachbücher ein Millionärswissen angeeignet, das zur oberflächlichen Konversation befähigt. Die meisten Männer haben Frauen ohnehin lieber, wenn sie aufmerksam zuhören und an den richtigen Stellen bewundernd lächeln. Und Millionäre, das hat sie schnell begriffen, sind auch nur Männer. Vielleicht ein wenig anspruchsvoller beim Sex, aber der ist für talentierte Hobbyschauspielerinnen eine leichte Aufführung.

Wo ein Wille ist, ebnet ein strahlendes Lächeln mit Zahnimplantaten den Weg, die Hannes noch bezahlt hatte, bevor er versank.

Lily lächelt Fritz an, der als neues Mitglied im Golfclub seinen Einstand gibt. Er ist nicht mehr jung, doch er strahlt etwas aus, das sie anziehend findet: Selbstvertrauen, das mit Geld gepolstert ist. Woher die Quelle sprudelt, verrät er nicht so genau, etwas mit Anlageberatung und Immobilien, jedoch sprechen seine Statussymbole für sich: Sportwagen, teuerste Golfausrüstung, goldene Rolex, Kaschmirpullover und Budapester Schuhe.

Vielleicht ist er ein wenig großspurig, und sein Lachen erinnert sie an den Ziegenbock auf dem Bauernhof. Doch Fritz ist großzügig und meist gut gelaunt. Sexuell anspruchslos, auch das spricht für ihn, und Lily arbeitet hart daran, dass aus der Affäre, die sie begonnen haben, etwas Größeres wird – eine Liebe, eine Ehe, die Villa am See und ein Geländewagen, an dessen Steuer sie auf die Welt herabschaut.

Der Tag, an dem Fritz ihr den Ring an den Finger steckt, ist der glücklichste ihres Lebens. Lily wähnt sich am Ziel ihrer Wünsche, und ihr Lachen ist so echt wie der Diamant, den er ihr schenkte. Die Verlobung feiern sie im Golfclub, und wenn die Leute tuscheln, und die Frauen ein wenig herablassend gratulieren, so kann Lily nichts aus ihrer strahlenden Laune bringen. Ein wenig seltsam findet sie es schon, dass Fritz nie erwähnt, dass sie zu ihm ziehen und ihren Job aufgeben solle. Andererseits schätzt er selbstständige Frauen, und einen Großteil seiner Zeit verbringt er ohnehin auf dem Golfplatz.

Fritz spricht viel über Golf, nach jeder Runde und bei gemeinsamen Essen erzählt er ihr von seinen guten und weniger guten Schlägen, von der Beschaffenheit des Fairways und der Grüns, von genialen Bunkerschlägen und Putts, die ihr Ziel nur um Millimeter verfehlten. Er lässt Lily an seiner Leidenschaft teilhaben, indem er die 18 Loch gleichsam mit ihr nachspielt, und er hat keine Ahnung davon, wie schrecklich sie das langweilt.

Im Verlauf dieses Sommers begreift Lily, dass vor ihrem Ziel ein kleines Handicap aufgetaucht ist: der Golfball. Fritz sieht nicht nach anderen Frauen, und er ist angenehm, wenn sie die Nacht in seiner Wohnung verbringen. Der Sex ist erfrischend kurz, danach sehen sie sich Golfturniere im Fernsehen an. Er schenkt ihr Blumen, die in ihrer Kellerwohnung rasch verwelken. Er kauft ihr Schuhe, und eine Handtasche fiel auch schon ab, doch Einkaufen langweilt ihn. Alles ermüdet ihn – außer Golf. Vergeblich versucht sie, ihn zu Spaziergängen zu bewegen, Tennis oder sogar Segeln, obwohl ihr dieser Sport größte Angst macht. Nichts kann sein Interesse wecken, das jenseits des Golfplatzes liegt, und nach Feldafing ist er nur gezogen, um seiner großen Liebe nahe zu sein. Sie heißt nicht Lily.

»Wann arbeitest du eigentlich, Liebster?«
»Im Winter, oder wenn es in Strömen regnet, Lilymaus.«
»Reicht das denn?«
»Für mich schon, Mäuschen.«

Oh, das klingt nicht gut. Nicht nach Hochzeitsglocken oder sagenhaftem Reichtum. »Ich weiß noch immer nicht, womit du dein Geld verdienst?«

»Seit wann interessiert dich Geld? Ich verkaufe Anteile an Golfplätzen, und Häuser an Golfplätzen, doch zurzeit läuft es schlecht, weil die Reichen ihre Schätze zusammenhalten. Gewissermaßen arbeite ich auch auf dem Golfplatz, wenn ich dort Kontakte knüpfe. Das nennt man: das Angenehme mit dem Nützlichen verbinden. Obwohl ich mir von den hiesigen Geldsäcken weit mehr erhofft hatte.«

Lily sieht einen Berg Geld in sich zusammenfallen. Es liegt als jämmerliches Häufchen vor einem älteren Mann mit beginnender Glatze und meckerndem Lachen.

»Du siehst aus, Lilymaus, als habe man dir dein Lieblingsspielzeug weggenommen. Aber vielleicht kann ich dich mit deinem Geburtstagsgeschenk trösten.«

Lily sieht auf ihre Ebel, die Hannes ihr im letzten Jahr geschenkt hatte. Es ist Mitternacht, und sie ist 39. In einem weiteren Jahr 40. Danach können nur noch die bösen Jahre kommen.

»Happy Birthday, Lily.« Fritz gibt ihr einen Kuss und einen Umschlag, der zu flach ist, um mit Schmuck gefüllt zu sein. Geld? Lily öffnet das Kuvert und findet einen Gutschein über Golfstunden in Feldafing und die Grundausstattung mit Golfbag und Schlägern.

»Na, freust du dich?«

Fritz öffnet eine Flasche Aldi-Champagner, und Lily ringt nach Luft. Sie ist eine geübte Lügnerin, doch in diesem Augenblick fällt ihr das glückliche Lächeln schwer. Erstens: Seine Geschäfte scheinen lausig zu laufen. Zweitens: Sie hasst Sport jenseits des Fitnessstudios, und Golf ganz besonders. Beim Segeln mit Hannes musste sie nur im Boot sitzen, ihr Gesicht in die Sonne halten und hoffen, dass der Wind nicht zu stark wird. Glaubt Fritz wirklich, dass sie nach sechs Stunden Bedienen noch Lust hat, einem kleinen Ball hinterherzurennen?

»Es ist ein wundervolles Geschenk, Fritz. Ich danke dir, aber was, wenn ich unbegabt bin?«

Lily investiert einen Monatslohn in Golfkleidung und sieht auf der Driving Range sehr hübsch aus. Doch leider trifft sie keinen Ball, sondern verliebt sich in den Golflehrer. Er ist arm wie eine Kirchenmaus und damit inakzeptabel, doch das dumme Herz achtet nicht darauf. Beim Aufschwung denkt sie an Fritz, der seine Geschäftskrise ja vielleicht überwindet, und beim Abschwung an John, der vor ihr steht und milde lächelt. Wie sollte sie da einen Ball treffen?

Wo ein Wille ist, stehen Hindernisse im Weg. Lily verliert zum ersten Mal die seelische Balance, hat wilden, heimlichen Sex mit ihrem Golflehrer und schlägt weiterhin grauenhafte Bälle. Ihr Konto ist maßlos überzogen und mit jedem Tag fällt es ihr schwerer, Fritz die liebende Verlobte vorzuspielen. Bis er ihr im September von seinem Millionendeal erzählt, dem Verkauf von Grundstücken an einen russischen Investor, der groß in Golf investieren will.

»Würdest du mich heiraten, wenn ich ein Golfball wäre?« Lily weiß nicht, warum sie das fragt, es mag am Champagner liegen, Dom Pérignon, oder daran, dass der heimliche Sex im Ikea-Bett schon an Reiz verloren hat.

Fritz quält sie mit seinem Ziegenbocklachen, doch das macht nichts, weil er sie anschließend umarmt und ihr versichert, dass er jederzeit bereit sei. Sie ist am Ziel, am Ziel!

Lily erzählt John von der Hochzeit, nachdem ihr ein erster Schlag über 100 Meter gelungen ist. Triumphierend, was ein wenig herzlos erscheinen mag, denn er nimmt die frohe Kunde nicht in gewohnter Lässigkeit auf. Es war doch nur eine heimliche Affäre,

Lily versteht nicht, weshalb er der sexuellen Verblendung zweier Kirchenmäuse solche Bedeutung beimessen kann.

»Du musst verstehen, dass ich mir diese Chance nicht entgehen lassen kann. Außerdem liebe ich Fritz. Das mit uns war doch nur eine … Golfrunde.«

»Das Leben ist kein Spiel«, sagt der Engländer mit diesem netten Akzent, der ihr von Anfang an gefiel. Nur klingt seine Stimme nicht mehr weich und verbindlich. Lily greift ihren Schläger fester, als er beleidigend wird und sie eine geldgeile Schlampe nennt. Das muss sie sich nicht von einem sagen lassen, der sich von Dutzenden Golfweibern im Clubhaus aushalten lässt. Lily blickt ängstlich um sich, in Sorge, dass jemand ihn hören könnte, doch jetzt steht er hinter ihr, umgreift ihre Arme und gibt vor, ihr den richtigen Schwung zu zeigen. Was er in ihr Ohr flüstert, klingt jedoch ganz falsch: nach gemeiner Rache und schlimmer noch – Erpressung. Wie viel ist ihr sein Schweigen wert?

Es war ein dummer Fehler, sich mit dem Golflehrer einzulassen. Darüber denkt Lily nach, während sie ihre restlichen Bälle schlägt, mit Wut und Kraft und erstaunlicher Weite. Wie teuer wird sein Schweigen? Kurz vor dem Ziel kann sie nicht riskieren, dass Fritz die Wahrheit erfährt, es würde alles zerstören.

Andererseits besitzt sie nicht einen Cent, den sie dem Erpresser bezahlen könnte. Die Uhr, die teuren Kleider, die sind alle nichts wert, wenn sie verkaufen muss. Denk nach, Lily, es muss eine Lösung geben. Und sie fällt ihr mit dem letzten Ball ein, den sie so schwungvoll und seltsam trifft, dass er steil nach oben steigt und ebenso steil fällt. Er hätte John getroffen, wenn dieser nicht ausgewichen wäre.

Wo ein Wille ist, ist auch ein Weg. Und moralische Bedenken sind in Lilys Lebensplanung nicht vorgesehen. Erpresser sind gemeine Verbrecher, die den Tod verdienen. Natürlich wäre es elegant und angemessen, John mit dem Golfschläger ins Jenseits zu befördern, und mit dem 7er Eisen kommt sie am besten zurecht. Doch das wäre zu gefährlich, weshalb sich Lily nach gründlichem Überlegen für die weiblichste aller Waffen entscheidet: Gift.

Eine Bauerstochter kennt sich mit natürlichen Giften aus: Fingerhut, Eisenhut, Bilsenkraut oder die Engelstrompete. Doch im Park ihres Wohnhauses wächst eine noch bessere Blume: die Scharfe Wolfsmilch mit dem tödlichen Gift Ricin. Fünf Samenkörner, im Mörser fein zermahlen, sollten für Nierenversagen und Atemlähmung ausreichen.

Kurze Wege sparen Zeit und Geld: Am nächsten Tag mischt Lily auf dem Weg zwischen Küche und Terrasse ihre giftige Saat in das Curry, das sie John serviert. Er würzt all seine Speisen mit so viel Chili, dass er die kleine geschmackliche Nuance nicht merken wird. Lily winkt ihrem zukünftigen Ehemann zu, der in einer Viererrunde am ersten Abschlag steht. Bedauern fühlt sie nicht, nur Erleichterung, das letzte Hindernis vor dem Ziel zu beseitigen. Sie lächelt John zu, der ihr einen finsteren Blick zuwirft, bevor er seine Gabel im Curry versenkt. Er isst wie ein Schwein, denkt Lily, und die hat ihr Vater eigenhändig geschlachtet. Es hat ihr nichts ausgemacht, damals.

Sie bedient die anderen Gäste und hat den Golflehrer im Blick, der seinen Teller nicht leer essen kann. Lily alarmiert den Notarzt, als John sich vor Schmerzen krümmt und auf dem Boden liegt. Sie bleibt in sicherer Entfernung, man weiß ja nie, doch zu mehr als Stöhnen scheint er nicht mehr fähig. Lily hofft, dass Fritz einen guten Golftag hat, dann ist er noch besser gelaunt. Vielleicht fährt er später mit ihr nach München, um das Hochzeitskleid auszusuchen.

Sie serviert Doktor Riedel, der Erste Hilfe geleistet hat, seine übliche Weinschorle, und diesmal starrt er nicht in ihren Ausschnitt. Das Geschehen hat ihn medizinisch berührt. »Wenn er großes Glück hat, werden sie ihm rechtzeitig den Magen auspumpen und ausspülen«, sagt er beruhigend zu Lily.

Das klingt gar nicht gut.

ASTA SCHEIB
TANZ DER FURIEN

Lensingk ging zum Fenster, zog die Vorhänge auf und schaute auf die Unterführung, durch die er gerne zum See hinunterlief. Morgens sah man hier nur wenige Leute. Am Nachmittag dagegen oder an den Wochenenden schoben sich Prozessionen in Richtung Uferpromenade. Leider hatte man sein geliebtes Undosa-Bad abgerissen. Schon Ende der Siebziger war das gewesen und die Sommer, die er dort verbracht hatte, schienen ihm heute unwirklich, schwerelos und voller Düfte, mit denen er eine frühe Liebe verband, von der er nicht mehr wusste, ob er sie nicht nur geträumt hatte.

Jedenfalls gab es inzwischen ein neues Strandbad, man nannte es Wasserpark, was Lensingk ziemlich idiotisch fand. Ein Park voller Wasser, oder wie sollte er das verstehen? Ihm war es gleichgültig. Natürlich vermied es Lensingk, sich unter die Familien zu mischen, doch es gab einen Seebereich mit Badesteg, den er oftmals fast leer vorfand, wenn er nur früh oder spät genug dort ankam. Meist machte er sich am Morgen, schon vor dem Frühstück, auf den Weg und spürte jedes Mal beglückt das weiche Wasser, das in der Umrahmung durch dichtbelaubte Bäume und Büsche grünlich schimmerte. Lensingk legte sich auf den Rücken, wie es sein Orthopäde ihm empfohlen hatte, und durchpflügte mit kräftigen Armschlägen das Wasser. Sollte er sich einmal umbringen müssen – im Wasser würde ihm das schwer gelingen. Aber Lensingk liebte das Leben und vor allem sich selber von Herzen. Höchstens seine wiederholte Trigeminus-Neuralgie oder der Gedanke an die Literaturpreise, die auf seine Kollegen nieder regneten, völlig zu Unrecht, konnten ihn schon einmal an einen dramatischen Abgang denken lassen. Da würden sie denn an seinem Grab stehen, die Herren Rezensenten und Juroren, die ihn zu seinen Lebzeiten nicht hochkommen ließen. Vielleicht lasen sie auch nur die große Anzeige von seinem Ableben. Lensingk hatte sie entworfen, Wort für Wort, und sogar den Eurobetrag dazu gelegt, denn seine Mutter fand Todesanzeigen überflüssig und schon gar eine für ihren Sohn! Und wenn, dann hätte sie nur das Übliche hineingeschrieben. Das, was alle ihren Toten nachriefen. ›Nach langem, mit großer Geduld ertragenem Leiden …‹ ja, das fehlte ihm gerade noch. Seiner ungebildeten, aber ziemlich kratzbürstigen Mutter traute Lensingk zu, dass sie in die viel zu mickrige Anzeige schreiben würde: ›Der Herr hat es gegeben, der Herr hat es genommen. Der Name des Herrn sei gepriesen.‹ Gut, dass er dem einen Riegel vorgeschoben hatte. Noch heute erinnerte er sich daran, wie seine Mutter den Tod des Vaters kommentiert hatte. »Er war ein scharfer Rohköstler«, teilte sie allen mit, »und jetzt hat es ihn doch erwischt.« Lensingks Vater hatte es oft bereut, unter seinem Stand geheiratet zu haben. Seit er tot war, musste Lensingk seine Mutter alleine aushalten.

Doch sie sorgte dafür, dass man sich nicht zu oft sah.

Jedes Mal, wenn Lensingk im See seine Runden schwamm, dachte er an das Undosa, sein Lieblingsrestaurant, in dem er etwas galt als der Schriftsteller Lensingk, und wo er den besten Saibling oder einen vorzüglichen Zander bekam. Lensingk hatte in der *Apotheken-Umschau* gelesen, dass zweimal in der Woche Fisch optimal sei. Fisch und Gemüse. Nie im Leben würde Lensingk zugeben, dass er Blättchen wie die *Umschau* las. Aber er hatte das Gefühl, dass die Verfasser ihn als ihre Zielgruppe gewählt hatten. Sie gaben ihm die besten Ratschläge für Herz, Kreislauf, Leber und Galle. Daran hielt Lensingk sich. Er musste es ja niemandem erzählen …

Plötzlich schrak er zusammen. Hastig zog er die Vorhänge wieder zu, als könne er seine friedliche Undosa- und Wasserpark-Welt heraushalten aus dem Unheil, das er nahen fühlte. Er hörte Alix' und Lenas leichte Schritte auf der Treppe, die Tritte seiner Mutter folgten schwerfällig und dumpf. In ihm dröhnten sie, als würde ihm ein Holzhammer auf den Schädel geschlagen.

Was wollten die drei von ihm? Weder die Kinder und schon gar nicht seine Mutter hatten eine Ahnung, woher Christine das Gift hatte, das wussten nur Christine und er – mein Gott, sie waren schon auf der zweiten Treppe und ihm wurde bewusst, wie sehr er sich fürchtete. Vor seiner Mutter und zwei Gymnasiastinnen hatte er Angst. Lächerlich. Was konnten sie ihm anhaben? Auch wenn seine Mutter ihm sein Leben lang nachspioniert hatte – diesmal tappte sie im Dunkeln. Trotzdem fühlte Lensingk, wie sich ihm die Nackenhaare aufstellten, wie sein Herz stolpernd schlug. In der neuen *Umschau* war das Titelthema ›Herzinfarkt – und dann?‹ Er würde es gleich lesen, wenn er die Drei weggeschickt hatte.

Jetzt fingen auch noch die Kirchenglocken an zu läuten. Zwölf Uhr. Lensingk liebte die Uferpromenade, hasste jedoch den sinnlosen Sound der Straßen des Ortes. Er fand, dass alles um ihn herum lärmte und schrie. So war es auch oft gewesen, als er noch mit seiner Frau und ihren beiden Kindern zusammenlebte. Christine hatte Klavier gespielt und die Mädchen waren juchzend und kreischend zu den Klängen herumgehüpft. Tanz der Furien – aber nicht von Gluck. Nirgends war wirkliche Musik und schon gar keine Poesie.

Fünf Jahre alt war Lena gewesen und Alix zwei, als Lensingk ihre Mutter geheiratet hatte. Wie es ihnen für zwei Schriftsteller passend schien, waren sie an Goethes Geburtstag zum Standesamt gegangen. Seine Frau und er hatten irgendetwas Dunkles angehabt, doch die Kinder waren von Christine herausgeputzt worden. Weiße Spitzenkleider, im Haar Blumenkränze. Die Leute hatten ihnen gerührt nachgeschaut, als sie auf der Uferpromenade ins Undosa zum Essen marschiert waren und Lensingk hatte Alix auf dem Arm getragen. Obwohl die Kleine folgsam und ruhig blieb, hatte Lensingk ein Gefühl von Distanz und Abwehr zu spüren geglaubt. Er war erleichtert gewesen, als er das Kind absetzen konnte.

Lensingk hatte sich damals vorgenommen, ein guter Vater zu sein. Oder wenigstens etwas in der Art. Christines erster Mann, der Vater von Lena und Alix, war von einer Bergtour nicht zurückgekommen. Er war und blieb unauffindbar. War offenbar an einer unzugänglichen Stelle abgestürzt. Lensingk fand das, natürlich abstrakt gesehen, gar nicht mal so schlecht. Der Mann musste wenigstens in keinen Sarg.

Die Kinder waren bald zutraulich geworden, blieben aber immer eigenwillig wie junge Katzen, sie waren gesund und laut und bald gaben sie täglich Anlass zum Streit mit Christine.

»Musst du mit den Kindern dauernd singen und tanzen? Das Klavierspiel, euer Geschrei – ihr seid rücksichtslos! Du weißt, ich brauche zum Schreiben Ruhe!«

»Soll ich die Kinder einsperren? Ihnen das Singen und Tanzen verbieten?«

Christine hielt ihm Selbstgerechtigkeit vor, sprach davon, dass er sich übermächtig aufführe. Wie ein Besitzender und Privilegierter gegenüber Wehrlosen.

»Lächerlich«, sagte Lensingk. »Wer ist hier wehrlos? Doch wohl ich. Ihr seid die Übermacht, drei verrückte Furien.«

Christine sagte dann, wenn man wirklich schreiben

wolle, könne man das auch über einem Stall quiekender Säue. Das habe Thomas Bernhard gesagt. Über diese Bemerkung ärgerte sich Lensingk. Zum einen, weil Christine sich mit Thomas Bernhard rechtfertigte, von dem er gar nichts hielt. Zum anderen, weil es für sie zutraf. Christine konnte schreiben, wo auch immer sie sich befand. Im Zug, auf der Parkbank, am Küchentisch. Und sie hatte Erfolg, während er – es war absurd.

Er hatte Christine kennengelernt, als sie noch Texte von Wissenschaftlern und Schriftstellern gegen Honorar in ihrem Computer bearbeitete. Ein Freund empfahl sie Lensingk, und schon beim ersten Sehen war er von Christine fasziniert gewesen. Ihre hochgewachsene, sehr schlanke Figur, die fast bäuerliche Strenge ihres Gesichts, das reiche blonde Haar, das sie meist schmucklos hochsteckte, das alles hatte ihm plötzlich das Gefühl gegeben, es sei schön, zu leben.

Lensingk hatte sich meist in seinem Leben wie im Gefängnis gefühlt. Die allzu schlichte Mutter, die in völliger Unkenntnis seiner Begabung ihn in Sportvereine und zum Schwimmen schickte. Sie selbst setzte sich an ihr Klavier und als herauskam, dass sein Vater eine Geliebte hatte, spielte sie hemmungslos und weigerte sich, im Haushalt zu arbeiten. Mann und Sohn mussten zusehen, wie sie an ein Essen kamen oder an frische Bettwäsche.

Ja, wenn Lensingk eine Mutter gehabt hätte wie sein Schulfreund Egmont! Sie unterhielt einen literarischen Zirkel und Egmont hatte dank ihrer Unterstützung in Deutsch immer die besten Noten. Lensingk mochte sich gar nicht ausdenken, was aus ihm geworden wäre als Sohn einer solchen Mutter. Immerhin bewältigte er ohne Mühe sein Studium und nach einem Praktikum im Verlag hatte er den brennenden Wunsch, Schriftsteller zu werden. Ein berühmter, großer Dichter auf den Spuren Goethes, Schillers und Kleists.

Die Ignoranz der literarischen Szene schlug Lensingk auf die Leber. Oder auf die Galle. Oder auf die Psyche. Überall hin. Er hatte schon seinen achten Roman vorgelegt und war noch nie mit einem Preis ausgezeichnet worden, die Bücher hatten nur kleine Auflagen und sein Verleger zögerte, Lensingks neuen Roman ins Frühjahrsprogramm aufzunehmen. Ohne die Honorare seiner Frau wäre Lensingk ein Sozialfall geworden. Darüber war er sich klar, obwohl er es nicht begriff. Schließlich hatte er in Literaturwissenschaften promoviert, er wusste doch, wie gute Literatur auszusehen hatte –

und trotzdem. Um Christine rissen sich die Verleger. Nicht um ihn.

Es war Lensingk gewesen, der ihr geraten hatte, die Geschichte ihres vermissten Mannes aufzuschreiben. Es war, als habe sich in Christine ein Brunnen geöffnet. Ein nie versiegender Brunnen. Die Geschichte wurde ein Erfolg in den Feuilletons und in den Buchhandlungen. Innerhalb eines Jahres gingen 150.000 Exemplare über den Ladentisch. Christines zweiter Roman über ihre Mutter, die im Badeanzug für die Gleichberechtigung der Frauen demonstriert hatte, kam schon mit einer hohen Startauflage heraus und war der Bestseller des Herbstes.

Sie kauften ein geräumiges Haus in der Nähe zur Autobahn Garmisch, dessen eingewachsener Garten es ihnen angetan hatte. Christine schenkte den Töchtern einen Hund, zwei Katzen und Meerschweinchen, die Lensingk schaudernd an Ratten denken ließen. Lena und Alix wurden mit jedem Tag hübscher und waren aufsässig, wenn Lensingk ihnen etwas verbieten wollte. Die Kinder schienen seine Distanz zu spüren und hatten offensichtlich keine Lust mehr, sie zu überwinden. Mit Christine war es ähnlich. Nach einer kurzen Zeit der Nähe und Zärtlichkeit zog auch sie sich immer mehr von ihm zurück. Eines

Nachts, als er aus einem erotischen Traum erwachte, sich wie in einem Kokon von Zärtlichkeit fühlte und nach Christine verlangte, fand er ihr Zimmer versperrt. Diese Abfuhr hatte ihn verletzt, dabei hatte Lensingk sich von Anfang an getrennte Schlafzimmer gewünscht. Christine war wortlos darauf eingegangen. Im Grunde, so schien es ihm, kannte er seine Frau kaum. Ihr herbes Gesicht wurde nur gelöst und herzlich, wenn sie mit ihren Kindern spielte und tobte. Ausgerechnet Lensingks Mutter, die immer öfter bei ihnen auftauchte, mit den Kindern Klavier spielte, ihre Schulaufgaben überwachte, wies ihm nach, dass er die Arbeit seiner Frau verachte und damit auch sie selber. »Glaubst du vielleicht, Christine spürt das nicht?«

Nun ja, was sollte er sagen – seine Ehe war gescheitert, er schätzte die Abrechnungen von Christines Verlag, die Annehmlichkeit seiner großen Arbeitsräume, sein exklusives Bad unterm Dach des Hauses. Christine lebte in den unteren Räumen mit ihren Kindern. Sie verlangten nichts von ihm. Trotzdem beeinträchtigten sie seine ihm so notwendige Ruhe.

Er schrieb an einem Roman über sein Leben, eine Trilogie hatte er geplant, sie sollte seine bisherigen Werke bei Weitem übertreffen. Christines Texte waren recht hübsch, ja, die Leute lasen so etwas gerne, vor allem seine Mutter, aber seine Texte hatten doch ein völlig anderes Gewicht, waren schwierig, mussten hart erarbeitet werden, Satz für Satz. Wenn er sah, wie rasch dagegen Christines Finger über die Tastatur glitten, wie sie Seite um Seite schrieb, wurde ihm ganz schlecht. Aber er war gewiss, dass seine Texte überleben würden, wahre Qualität setzte sich immer noch durch, diesmal musste es gelingen.

Lensingk zog sich ganz auf seine Arbeit zurück. Er lebte wie ein Mönch, spannte all seine Kräfte an für sein Werk. Er las schon morgens im Bett Fachliteratur, ließ sich von Christine etwas zu essen bringen, schrieb einige Stunden, machte Spaziergänge, legte sich mittags zum Schlafen hin, badete, las die Zeitungen, schrieb wieder eine Zeit lang und ging abends zur Erholung am See spazieren. Er liebte den See besonders am Abend, wenn die Sonne im Untergehen einen warmen goldenen Schein über das Wasser warf. Alles wurde unwirklich, ein Versprechen, aber Lensingk wusste es nicht zu deuten. Doch er fühlte sich ermutigt, beeilte sich, nach Hause zu kommen und seine Eindrücke in den Computer einzugeben. Er wusste, dass auch Christine bis in die Nacht schrieb.

Es war ihm unbegreiflich, wie Christine neben

ihrem Schreiben sich um das Essen kümmerte, um die Wäsche, die Einkäufe, vor allem um die Töchter. Aber er sah daran, dass Christines Romane eben von leichter Hand geschrieben und nicht sehr tief gedacht waren, sie konnte schreiben, wenn die Mädchen lautstark ihre CDs hörten, wenn sie mit Freundinnen stundenlang telefonierten, kicherten, kreischten, sich stritten.

Trotz seiner sanften Verachtung machte es ihm zu schaffen, dass Christine die begehrte Stelle einer Stadtschreiberin im Norden Deutschlands angeboten wurde. Im Abstand von wenigen Monaten erhielt Christine zwei Literaturpreise. Es waren nicht sehr große Preise, aber immerhin. Lensingk fasste es nicht und er weigerte sich, seine Frau zur Preisverleihung zu begleiten.

Über alledem bemerkte er nicht, dass Christine sich veränderte. Seit der Hund im Haus war, nannte sie Lensingk spöttisch ›Herrchen‹ und ihre Dankbarkeit dafür, dass Lensingk sie zum Schreiben gebracht hatte, spürte er kaum noch. Manchmal ärgerte es Lensingk. Wo wäre Christine ohne ihn? Immer noch in der miesen Wohnung in Schwabing, immer noch in ständiger Geldnot, immer noch eine unbekannte Existenz. Begriff Christine das nicht?

Einmal, es war ein Gewitterabend gewesen mit schnell aufeinanderfolgenden Blitzen und krachendem Donner, sah er aus Christines Schlafzimmer einen Lichtschein durch den Türspalt schimmern. Er wollte Christine tadeln, dass sie wieder die Terrassentür aufgelassen hatte, und trat ins Zimmer. Da sah er auf Christines großem Bett seine Frau und die beiden Töchter liegen. Sie schliefen, hatten sich eng aneinandergekuschelt, ihre Nachthemden waren hochgerutscht und Lensingk sah im sanften Licht einer Nachttischlampe die Körper rosig schimmern. Zorn, Trauer und Begehren erfasste ihn, er stand da, fassungslos über sein starkes Herzklopfen, das Dröhnen in den Ohren, er musste schlucken, und schließlich ging er hinaus, wobei er sich ins Gedächtnis rief, dass die drei ihm nicht gemäß seien, sie waren laute, verrückte, selbstsüchtige Furien und er musste sich von ihnen lösen, sonst wären seine Opusphantasien bald lächerlich.

Eines Tages, als sie wieder einmal aus ihrer Stadtschreiberwohnung zurückkam, erklärte Christine, sie habe sich verliebt, zum ersten Mal in ihrem Leben leidenschaftlich verliebt, und diese Liebe wolle sie auch leben. Mit einer Tatkraft, die Lensingk an Christine noch nie erlebt hatte, packte sie zusammen und zog samt Lena und Alix zu ihrem neuen Freund. Lensingks Mutter erklärte ihm kühl, sie hätte das an Christines Stelle auch getan. In ihrer eigenen Ehe habe sie das leider versäumt, denn von Lensingks Vater sei sie behandelt worden wie eine Analphabetin, und er als ihr einziger Sohn habe sich immer ihrer geschämt. Nur, weil sie nicht studiert habe. Sie sei ihnen gerade noch gut genug gewesen, ihr Geld auszugeben und sich von ihr bedienen zu lassen. Und nun müsse sie zusehen, wie er es mit Christine genauso mache. Gut, dass es damit nun ein Ende habe.

Lensingk war für einen Moment betroffen, dass seine eigene Mutter Christine verteidigte, er fand sie noch degoutanter als seine Frau. Er hatte immer gewusst, dass sein Vater und er mit seiner Mutter nicht das große Los gezogen hatten, aber dass sie einmal so verrückt sein würde, sich gegen ihn zu verbünden, das hätte er doch nicht für möglich gehalten. Ihre Geschmacklosigkeit ging sogar so weit, dass sie ihn in Abständen darüber unterrichtete, wie glücklich und unbeschwert Christine und die Kinder seien. Und wie hinreißend der Neue. Sie sagte tatsächlich »Der Neue«.

Nach etwa einem halben Jahr passierte, was Lensingk sich oft und auch in ähnlicher Weise ausgemalt hatte. Christine erlitt einen Nervenzusammenbruch, weil ihr

Freund das gesamte Vermögen an der Börse verloren hatte. Sie blieb sogar noch mit Schulden zurück. Es war grotesk! Lensingk stellte sich das nichts begreifende Gesicht seiner Mutter vor, doch als er weiter nachdachte, geriet er in Sorge um seine Existenz, um sein schönes Domizil. Da rief auch schon seine Mutter an. Er solle sich gefälligst um Christine kümmern, fauchte sie, seiner Frau ginge es schlecht, sie sei suizidgefährdet, denn ihr Freund habe nicht nur ihr Vermögen verspekuliert, er habe sie auch betrogen und verlassen. Männer seien wahrlich die Pest.

Christine zeigte nicht, ob Lensingks Besuch sie berührte, sie sprach ruhig davon, dass ihr Geld verloren sei, auch das Haus in Starnberg müsse verkauft werden. Er könne dort nicht wohnen bleiben. Lensingk rief schneidend, dass Christine sein Leben zerstört habe. Auch das ihrer Kinder. Sie gab ihm in allen Punkten Recht. Erklärte ihm sachlich, dass sie keine Lust mehr am Leben habe, weil die Mädchen sich ihrer Mutter schämen müssten. Sie könne ihren Kindern nicht in die Augen sehen und sie wolle sterben, damit ihre Familie wieder leben könne. Sie sei auch völlig sicher, nie wieder den Mut zum Schreiben aufzubringen, sagte sie tonlos und Lensingk bestätigte sie sofort und sehr lebhaft darin. So wie sie vor aller

Welt blamiert worden sei, nein, da gebe es kein Weiterleben, das sehe er ein. Wenn er ihr helfen könne, solle sie es ihm nur sagen. Christine fragte ihn, ob er glaube, dass seine Mutter die Mädchen zu sich nehmen würde, und ob er ihr Gift besorgen könne. Sie gehe davon aus, dass Arsen ein rasch und zuverlässig wirkendes Gift sei, und Lensingk sagte, das glaube er auch, sein Freund Maxim, den Christine ja kenne, sei nicht umsonst Chemiker. Der werde ihm sicher Arsen besorgen. Eine Ausrede fände sich schon. Und was seine Mutter angehe, sie sei ja verrückt nach den Mädchen. Sie würde aufgehen in der Erziehung der beiden.

Obwohl Lensingk alle Hände voll zu tun hatte mit seinem Umzug an den See, fand er trotzdem Zeit, seinen Freund Maxim um das Gift zu bitten, das er dann postwendend an Christine schickte. Er identifizierte sich völlig mit ihrem geplanten Selbstmord und betete, dass sie von diesen Gedanken nicht geheilt werden möge. Und wahrhaftig – einige Tage später las er in der Zeitung, dass die Bestsellerautorin Christine Marquardt sich auf dem Friedhof vergiftet habe. Ein Totengräber habe sie gefunden, auf einem Grab liegend, mit weit offenen Augen. Er berichtete den Journalisten in allen Einzelheiten, wie jung und lebendig sie ausgesehen habe. ›Was für ein Jammer, eine so schöne Frau.‹

Morgen sollte Christine beigesetzt werden. Er, Lensingk, wollte eigentlich nicht hingehen. Oder doch? Vielleicht war Presse zugegen, vielleicht wäre es sogar klug für seine Publicity, an Christines Grab zu stehen, gemeinsam mit den Kindern. Schließlich war Christine immer noch seine Frau, sie waren nicht geschieden. Ihr Testament hatte er selber aufgesetzt bei seinem letzten Besuch. Christine hatte unterschrieben und versiegelt, dass Lensingk und die Mädchen zu gleichen Teilen ihre Erben sein sollten. Er hatte ihr dafür versprochen, gemeinsam mit seiner Mutter für die Kinder da zu sein.

Jetzt hörte er die drei vor seiner Tür. Sie klingelten kurz und plötzlich spürte Lensingk wieder seine Angst. Unsinn. Niemand ahnte etwas von seiner Mitwirkung an Christines Tod, sonst wäre schon längst die Polizei bei ihm gewesen. Lensingk stemmte sich hoch von seinem Sessel, gab sich einen forschen Schritt und ging zur Tür. Seine Mutter und die Mädchen trugen Trauerkleidung, sogar schwarze Handschuhe hatten sie an. Es fiel Lensingk nur so nebenbei auf, er wusste, seine Mutter hielt viel von Eleganz, selbst bei Beerdigungen.

Die drei gingen an ihm vorbei in sein Wohnzimmer, das zugleich Arbeitszimmer war. Sie standen an seinem Sessel, schauten ihn an. Alix hatte den Kopf an die Schulter von Lensingks Mutter gelehnt. Lena hatte ihr den Arm um die Hüfte geschlungen. Die Anhänglichkeit der Mädchen an seine Mutter war Lensingk immer unbegreiflich gewesen.

»Wollt ihr euch nicht setzen?«, fragte er, obwohl er sich wünschte, dass sie so rasch wie möglich wieder aufbrechen würden.

»Setz du dich nur hin, Viktor«, sagte seine Mutter, »wir möchten dich etwas fragen, dann bist du uns gleich wieder los.«

Lensingk ließ sich in den Drehsessel fallen, schaute von Alix und Lena zu seiner Mutter. Er versuchte, fragend auszusehen, aber er wusste nicht, ob es ihm gelang.

»Du hast Christine das Gift gegeben, du warst das! Die Verpackung mit der Adresse von Maxim war noch im Papierkorb!«, sagte seine Mutter verächtlich, und ehe Lensingk antworten konnte, hatte Alix, die hinter ihm stand, die Drahtschlinge über seinen Kopf geworfen und Lena half ihr, schnell und heftig zuzuziehen, wobei seine Mutter ihn streng ansah. Er versuchte noch, die Schlinge von seinem Hals wegzuzerren, er bäumte sich auf – vergebens. Während er den scharfen Schmerz fühlte, während er tiefer und tiefer in bunte Schleier fiel, glaubte er, dass man ihn von allen Seiten rief, so als habe er sich verirrt, aber er hörte nicht auf, zu fallen.

OLIVER PÖTZSCH
DER FALL LUDWIG

Berg am Starnberger See, den 13. Juni 1911, kurz vor Mitternacht

Das Untier näherte sich brüllend und mit einem seltsam hohen, klagenden Ton, der Siegfried Loibl beinahe vom Fahrrad fallen ließ. Als der Dorfgendarm sich entsetzt umblickte, sah er in der Dunkelheit ein gelbes, kinderkopfgroßes Auge auf sich zukommen, darunter ein mit silbernen Zähnen gespicktes Maul. Im letzten Moment steuerte Loibl sein Rad zwischen die Tannen, stürzte über eine Wurzel und konnte aus dem Augenwinkel noch erkennen, wie ein rotes, fauchendes Ungeheuer an ihm vorbeiraste, das nicht aus seinem Rachen, sondern merkwürdigerweise aus seinem Hinterteil zu rauchen schien.

Siegfried Loibl richtete sich keuchend auf, klopfte

Schmutz und Laub von seiner froschgrünen Uniform und setzte die fleckige Dienstmütze auf. Er hatte bereits einige Automobile aus nächster Nähe gesehen, aber noch nie war eines so dicht an ihm vorbeigebraust, schneller als jeder Hirsch oder Fuchs, schneller sogar als diese verfluchten Eisenbahnen, die seit ein paar Jahrzehnten stinkend und tutend durch ganz Bayern brausten. Loibl war über fünfzig, in seiner Jugend war man entweder zu Fuß gegangen oder mit der Droschke gefahren. Dieses ganze neue Jahrhundert war ihm eindeutig zu laut, zu grell, und vor allem zu schnell. Außerdem war Siegfried Loibl Franke und allein deshalb schon von eher langsamerem Gemüt.

Kopfschüttelnd hob der Dorfgendarm sein Fahrrad vom Waldboden auf, stieg auf und trat quietschend in die Pedale. Vor sich konnte er zwischen den Bäumen bereits das Seeufer am Ende des Schlossparks erkennen. Die von der Königinmutter gestiftete mannshohe Totenleuchte spendete ein trübes Licht. Daneben ragte schwarz und düster wie eine Raubritterburg die Votivkapelle auf, kleine, flackernde Punkte rannten wild hin und her. Als Loibl näher kam, entpuppten sich die Punkte als Fackeln; Menschen hielten sie in den Händen, sie gingen damit auf und ab oder diskutierten in kleinen Gruppen miteinander. Loibl bremste, wobei er fast erneut vom Rad fiel, legte die Hand an die Dienstmütze und richtete das Wort an die Versammlung überwiegend älterer, mürrisch dreinschauender Männer.

»Wachtmeister Siegfried Loibl von der Starnberger Polizei«, begann er stockend. »Es heißt, Sie hätten einen Toten zu beklagen. Ist das korrekt?«

»Allmächtiger!«, brummte einer der Männer und spuckte lautstark aus. »Sie haben uns einen Franken geschickt.«

»Wo doch jeder weiß, dass die Franken dem König sein Grab geschaufelt haben!«, schimpfte ein zweiter.

Loibl zuckte unwillkürlich zusammen. Ihm war nicht bewusst gewesen, dass man seinen Dialekt immer noch heraushörte. Schon vor über zwanzig Jahren hatten sie ihn an den Starnberger See strafversetzt, weil er mit den Nürnberger Sozialdemokraten sympathisierte. Der Gendarm wusste aus Erfahrung, dass vor allem die Oberbayern gerne einen Franken zum Frühstück aßen, vor allem dann, wenn er mit den Sozis paktierte.

Die Männer, deren Gesichter im Fackelschein glutrot leuchteten, fingen an zu tuscheln und zu murren. Endlich löste sich einer von ihnen aus der Menge und baute sich vor dem kleingewachsenen Loibl auf. Der Mann trug einen Trachtenjanker und einen dieser grünen Filzhüte, die sonst eher bei niederbayerischen Bauern zu finden waren. An dem hageren Mann mit seiner runden Honoratiorenbrille, den schütteren Haaren und dem akkurat geschnittenen Willhelmsbart sah der Hut eher wie eine Verkleidung aus.

»Dr. Victor von Grabnitz«, stellte der Herr sich schneidig vor, ohne Loibl die Hand zu reichen. »Arzt und Privatgelehrter. Sie müssen entschuldigen, aber die Männer sind unruhig. Schließlich ist hier ganz offensichtlich ein Verbrechen geschehen, und jetzt kommen Sie allein, und mit dem Fahrrad…« Er musterte argwöhnisch den gedrungenen Dorfgendarm, an dessen schlecht sitzender Uniform noch immer Laub und kleine Zweige hingen. »Ich war es, der von Berg aus nach Starnberg telegrafiert hat«, fuhr von Grabnitz fort. »Allerdings in der Annahme, man würde uns einen Ihrer Vorgesetzten schicken. Gibt es denn nicht, nun… geeignetere Polizisten?«

Siegfried Loibl starrte auf seine schmutzigen Fingernägel. »Bitte um Entschuldigung«, murmelte er. »Aber es ist fast Mitternacht, und ich bin der diensthabende Wachmann. Den Polizeioberhauptmeister können Sie frühestens in ein paar Stunden sprechen. Vielleicht sind Sie so freundlich, mir zunächst…«

»Himmelsakrament!«, meldete sich ein weiterer der Männer und betrat den inneren Lichterschein.

Im Gegensatz zu dem hageren Arzt wirkte alles an ihm wie aus Granit gehauen, er schien förmlich aus seinem Trachtenjanker zu platzen. »Ist dem Herrn Dorfgendarm eigentlich klar, wo er ist?«, polterte er. »Nehmen Sie gefälligst die Mütze ab und zeigen Sie Anstand! Das hier ist der Ort, an dem unser hoch verehrter König Ludwig II. vor nunmehr fünfundzwanzig Jahren zu Tode kam. Wie jedes Jahr begehen wir genau zum Todeszeitpunkt gemeinsam mit anderen Königstreuen dieses traurige Jubiläum. Dieser Boden ist heilig! Und just auf diesem heiligen Boden wird einer von uns ermordet!« Seine Stimme begann zu zittern. »Genauso wie der König. Tot im Wasser aufgefunden, feige gemeuchelt …«

Mit Tränen in den Augen wandte der Mann sich ab. Dr. Victor von Grabnitz nahm den verdutzten Loibl kurz zur Seite. »Sie sollten vorsichtig sein, wie Sie hier auftreten«, flüsterte der Arzt. »Auch bezüglich Ihrer Karriere. Der Herr vor Ihnen ist kein anderer als Maximilian Scheidegger, *der* Scheidegger.« Er zog die Augenbrauen vielsagend nach oben. »Betuchter Brauereibesitzer und Vorsitzender der Königstreuen, Sie wissen schon. Und auch die anderen Mitglieder unserer illustren Gesellschaft haben Einfluss in die *höchsten* Kreise.« Von Grabnitz pikste mit seinem dünnen Zeigefinger in Loibls Brust. »Ich mache

Ihnen also einen Vorschlag zur Güte. Sie schwingen sich auf Ihren Drahtesel, radeln zurück nach Starnberg und schicken uns einen studierten Kommissar vorbei, der das hier übernimmt.«

»Sicher, sicher. Ganz wie der Herr wünschen.« Loibl nahm die Mütze ab und knetete sie zwischen den Händen. »Aber wenn's erlaubt ist, gnädiger Herr, kann ich die Leiche trotzdem kurz sehen? Wo ich doch schon mal hier bin.«

Von Grabnitz stutzte, dann lächelte er schmal. »Bitte schön. Das hab ich zwar als Arzt schon längst getan. Aber vielleicht findet ein braver Dorfpolizist ja etwas, was ich borniertet Akademiker übersehen habe.«

Ohne ein weiteres Wort stolzierte von Grabnitz davon und steuerte die Votivkapelle an, deren hohe Tür weit offen stand. Aus dem Inneren drang ein schwacher betörender Geruch von Weihrauch. Siegfried Loibl glaubte, Nebelschwaden aus der Kapelle ziehen zu sehen, bis hinunter zum See, der nur einen Steinwurf weit entfernt lag. Aus dem flachen Uferwasser ragte ein großes Holzkreuz, genau an der Stelle, an der König Ludwig II. angeblich in nur achtzig Zentimetern Tiefe ertrunken war.

Loibl folgte dem Arzt bis vor die Kapelle. Als er nach unten blickte, bemerkte der Polizist, dass der Boden nass wie von Regen war. Auf der steinernrn

Plattform vor dem Portal lag ein Mann von etwa sechzig Jahren. Er trug einen schwarzen, klitschnassen Gehrock, einen Vatermörder und darunter ein weißes, dreckverschmiertes Hemd, das an seinem dürren Leib klebte; neben dem Kopf lehnte ein zerbeulter Zylinder. Der Mann war ganz offensichtlich tot.

Der kleine Gendarm kniete sich neben die Leiche und tastete nach den blassen, kalten Händen. Die Leichenstarre war noch nicht eingetreten. Gesicht, Arme und Beine wiesen dunkle Flecken, Kratzer und Schmutzspuren auf; die Glieder wirkten seltsam verbogen, so als wäre das dünne Männchen von höllischen Kräften umhergeschleudert worden.

»Wer ist …«, begann Loibl, doch Maximilian Scheidegger fiel ihm ins Wort.

»Alois Berlinger, Oberlehrer im Ruhestand«, brummte er. Offensichtlich hatte sich der Vorsitzende der Königstreuen wieder ein wenig beruhigt. »Berlinger war einer unserer führenden Experten, was den Mord am Kini angeht. Heute Mittag am Stammtisch noch hat er gemunkelt, er hätte eindeutige Beweise für seine Theorie. Und jetzt ist er tot! Das war ganz eindeutig der preußische Geheimdienst!«

Die anderen gut zwanzig Männer nickten und flüsterten verschwörerisch miteinander. Sie hatten um den Toten und Siegfried Loibl einen Kreis gebildet, Fackeln erhellten ihre zornigen, vom Alter zerfurchten Gesichter. In ihren schwarzen Sonntagsröcken und steifen Krägen erinnerten sie Loibl an einen Geheimbund, der sich zu einem blutigen Ritual versammelt hatte.

»Der preußische Geheimdienst?«, fragte der Dorfpolizist. »Ich fürchte, ich versteh nicht ganz …«

»Wie auch?«, blaffte Scheidegger. »Sie waren doch damals mitbeteiligt an dem Komplott!«

»Ich …?«

»Nicht Sie, Idiot!«, zischte von Grabnitz und rollte mit den Augen. »Die Gendarmen natürlich! Bismarck wollte den bayerischen König aus dem Weg schaffen, weil der mit dem Gedanken spielte, sich vom preußisch regierten Deutschen Reich zu trennen. Zuerst haben sie ihn für verrückt erklären lassen. Als Ludwig dann hier von Berg aus zu seiner Cousine Sisi auf die Roseninsel fliehen wollte, wurde kurzer Prozess gemacht.«

Siegfried Loibl nickte verständnisvoll, während er die Leiche abtastete und nach weiteren Wunden suchte. Spekulationen über den Tod König Ludwigs II. gab es zuhauf. Zwar lautete die offizielle Version, der König habe Selbstmord begangen, aber hinter vorgehaltener Hand munkelten die Leute noch immer von Mord und Intrige. Als bekennendem Franken und heimlichem Sozialdemokraten war Loibl der König zwar herzlich egal, doch er wusste, dass man das in Oberbayern niemals laut sagen durfte, wenn man nicht mindestens eine Wirtshausschlägerei riskieren wollte.

»Eine tragische Geschichte«, murmelte Loibl. »Trotzdem wär ich den gnädigen Herrschaften zu Dank verbunden, wenn …«

»Der preußische Geheimdienst hat einen *Polizisten* gedungen, unseren heiß geliebten König und den Dr. Gudden hinterrücks zu erschießen!«, knurrte einer der älteren Männer und ging bedrohlich einen Schritt auf den knienden Loibl zu. »Und die anderen Gendarmen haben den Hund auch noch gedeckt!«

»Der Berlinger meinte eher, dass das damals ein Versehen war«, meldete sich ein jüngerer Königstreuer mit leiser Stimme. Mit seinen schwarzen vollen Haaren, dem blassen Teint und dem geölten Schnauzer sah er beinahe aus wie der wiederauferstandene Märchenkönig. »Kein politisches Komplott. Nur ein dummer Polizist, der den flüchtenden König aufhalten wollte und dann geschossen hat. Am Stammtisch heute hat der Berlinger erzählt, dass …«

»Ich glaube kaum, dass wir im Beisein der Leiche Alois Berlingers seine eigene, zugegebenermaßen etwas abstruse Theorie diskutieren sollten«, schnarrte Dr. von Grabnitz. »Und? Fertig?«

Die letzten Worte waren an Siegfried Loibl gerichtet, der in der Zwischenzeit im Licht der Totenleuchte den Leichnam weiter untersucht hatte. In der Hand des Dorfgendarmen baumelte an einer goldenen Kette eine fast handtellergroße Taschenuhr, deren Glas zerbrochen war.

»Die Uhr ist um 19 Uhr stehen geblieben«, sagte Loibl nachdenklich. »Ich vermute, dass das …«

»… der Todeszeitpunkt war. Ich weiß«, unterbrach ihn Dr. Victor von Grabnitz. »Ich habe die Uhr bereits in Augenschein genommen. Das war übrigens genau die Zeit, als wir uns alle in der Kapelle aufhielten.«

»Vielleicht ist es besser, wenn mir einer der hohen Herrschaften erklärt, was hier in den letzten Stunden passiert ist. Nur damit mein Weg nicht ganz umsonst war …« Abwartend sah Siegfried Loibl in die Runde; er blickte in verschlossene, misstrauisch funkelnde Gesichter, keiner schien reden zu wollen.

Endlich räusperte sich der Vorsitzende Maximilian Scheidegger. »Wir haben uns wie jedes Jahr am Todestag unseres so jung verstorbenen Königs in Berg getroffen, zum Stammtisch«, murmelte er und deutete zur Kapelle. »Nächsten Sonntag ist hier große Messe, aber schon heute Abend hatten wir im kleinen Kreis der Treuesten seiner Exzellenz gedacht. Um Punkt 18.54 Uhr, also genau zum Todeszeitpunkt fangen wir immer an. Aber Alois Berlinger war nicht da. Und das, wo er doch immer so pünktlich ist.«

»Er war die Pünktlichkeit in Person«, sagte der junge Mann, der Loibl so sehr an den König erinnerte. »Ich hab ihn als Lehrer in der Schule gehabt. Keine Minute durfte man da zu spät kommen. Pünktlichkeit war sein oberstes Prinzip. Und dann verpasst er die Gedenkfeier für unseren König! Da hab ich mir gleich gedacht, dass was nicht stimmt.«

»Und weiter?«, fragte Siegfried Loibl.

»Etwa um 20 Uhr sind wir aus der Kapelle gekommen«, fuhr von Grabnitz ungeduldig fort. »Wir standen noch ein wenig hier zusammen. Assessor Müller hat die Leiche dann gefunden.« Er deutete auf den jungen, blassen Mann. »Berlinger schwamm unten beim Gedächtniskreuz. Wir haben ihn rausgezogen, und ich hab ihn mir genauer angesehen. Berlingers Uhr war stehen geblieben, sie stand auf 19 Uhr.«

»Tja, dann hat ja Gott sei Dank keiner von den Herrschaften hier etwas mit dem Mord zu tun«, murmelte Siegfried Loibl, während er weiter die große goldene Taschenuhr in seiner Hand hielt. Mit einem leisen Schnappen ließ er sie zuklappen. »Schließlich waren Sie zu diesem Zeitpunkt alle gemeinsam in der Kapelle.«

Von Grabnitz lächelte schief. »Ihre Vermutung ist ziemlich dreist für einen kleinen Dorfgendarmen, finden Sie nicht? Aber tatsächlich, von uns kann es keiner gewesen sein.«

»Hm, also ein Raubmord?« Loibl kratzte sich an der Nase. »Ich hab keine Briefbörse bei der Leiche gefunden. Vielleicht hat man sie ihm gestohlen.«

»Daran hab ich auch schon gedacht«, erwiderte der Arzt. »Berlinger war nicht unvermögend. Er hatte immer eine größere Summe bei sich, auch an diesem Tag.«

»Ach wo!«, zischte Scheidegger. »Der preußische Geheimdienst war's! Wo doch der Berlinger schon in den nächsten Tagen zur Zeitung gehen wollte! Die haben ihn zum Schweigen gebracht, so war's und nicht anders!«

»Wenn es den Herren nichts ausmacht, würde ich mir gerne den Tatort ansehen«, sagte Siegfried Loibl. »Wo ich doch schon mal ...«

»... da bin, ich weiß«, seufzte von Grabnitz. »Na, dann kommen Sie. Nicht, dass Ihr Vorgesetzter noch meint, Sie wären faul gewesen.«

»Eben, eben«, erwiderte Loibl. »Ich sehe, Sie verstehen mich.«

Gemeinsam mit dem Arzt, dem jungen Assessor Müller und Max Scheidegger stapfte Loibl die paar Meter hinunter zum Ufer, wo das Kreuz im Wasser stand.

»Hier haben Sie ihn also gefunden?«, wandte sich der Dorfgendarm an Ludwig Müller.

Der Assessor nickte betreten. »Er lag da im Wasser, gleich neben dem Kreuz. Mit dem Rücken nach oben, die Arme weit ausgestreckt. Sah ziemlich schaurig aus.«

»Hmhm. Darf ich einmal Ihre Fackel nehmen?«

Der Assessor reichte Loibl seine Fackel, woraufhin der Gendarm langsam das Ufer abschritt. Schließlich schien er fündig geworden zu sein. Loibl bückte sich und leuchtete vor sich den Boden ab.

»Darf man erfahren, was zum Teufel Sie da treiben?«, knurrte Scheidegger. »Verflucht, uns wird langsam kalt!«

»Sie dürfen erfahren, Sie dürfen«, sagte Siegfried Loibl. »Sehen Sie, das ist interessant.«

»Was?«, fragte von Grabnitz.

Loibl schob seine Dienstmütze in den Nacken und wischte sich über die Stirn. »Nun, als ich die Leiche gesehen habe, da hab ich mir gedacht, der Mann kann nicht einfach ertrunken sein. Mit all den Schmutzflecken und Kratzern, sogar ein paar Blätter hab ich in der Manteltasche gefunden. Das sah eher aus, als hätte ihn jemand durch die Luft geschleudert und dann hierher gebracht.«

Von Grabnitz lachte. »Durch die Luft geschleudert? Reden sie keinen Unsinn, Mann!«

Loibl fasste sich an die fleischige, von roten Äderchen durchzogene Nase. »Hm, klingt wirklich ein bisserl merkwürdig. Ich frag mich nur, was die Spuren hier sonst zu bedeuten haben.«

»Was?«, rief Max Scheidegger. Er eilte auf den Gendarmen zu und bückte sich. Das kiesige Ufer war aufgewühlt, eine breite Schleifspur führt vom See durch das Schilf und weiter in ein kleines Birkenwäldchen. »Tatsächlich«, murmelte der Brauereibesitzer. »Da sind Spuren, und sie führen hoch in den Schlosspark.«

»Finden Sie nicht auch, dass wir mal nachschauen sollten?«, fragte Loibl.

»Warum nicht?« Scheidegger winkte den anderen, ihnen zu folgen. »Vielleicht ist ja wirklich was dran.«

Zu viert bahnten sie sich einen Weg durch die Büsche und Sträucher des Parks. Zweige schlugen ihnen ins Gesicht, während Loibl unbeirrt mit der Fackel vor ihnen herlief.

»Verdammt, was soll das hier?«, fluchte von Grabnitz. »Es hat einen Kampf im Wasser gegeben! Sehen Sie das doch ein, Loibl! Diese Spuren hier können genauso gut von einem Reh stammen.«

»Wissen Sie, ich war mal Jäger, oben bei Fürth«, sagte Siegfried Loibl und stapfte unbeirrt weiter. »Da haben wir auch öfter so Spuren gehabt.«

»Sehen Sie.«

»Ja, und zwar immer dann, wenn wir die toten Viecher durch die Büsche geschleift haben. Dann sah das auch aus … ah, wir sind da.«

Der Dorfgendarm blieb abrupt stehen, als sich vor ihm die Büsche und Bäume lichteten. Sie standen wieder auf der schmalen Allee, über die Loibl vor einer halben Stunde zur Kapelle gefahren war. Auf dem kiesigen Weg waren seltsam geriffelte Spuren zu erkennen, ganz so, als wäre eine riesige Schlange über die Straße gekrochen.

»Ich … ich hab etwas gefunden!«, rief plötzlich der junge Assessor und hielt eine Art Bündel in die Höhe. »Hier im Gebüsch! Ich glaube, es ist die Brieftasche von Alois Berlinger.« Er öffnete das Portemonnaie und hielt verdutzt inne. »Merkwürdig, sie ist noch voll. Da sind noch jede Menge Scheine drin.«

»Wird der Räuber es halt mit der Angst zu tun bekommen haben«, schnarrte von Grabnitz. »Also für mich ist es nun klar. Der Mörder lauert dem Berlinger hier auf, schlägt ihn nieder, nimmt sich das Portemonnaie und wird von irgendwas gestört. Also wirft er die Brieftasche weg und sucht das Weite. Gute Arbeit, Loibl.«

Der Dorfgendarm nickte ergeben. »So könnte es

tatsächlich gewesen sein. Was mich nur verwirrt, sind diese merkwürdigen Spuren hier. Ob das ...« Ganz plötzlich beugte er sich hinüber zu Victor von Grabnitz und schnupperte an dessen Schulter.

»Verdammt, Sie Tölpel! Was tun Sie da?«, rief der Arzt und sprang einen Schritt nach hinten. »Fassen Sie mich bloß nicht an, Sie ... Sie Bauer!«

»Bitte sehr um Entschuldigung. Aber Sie riechen nach ... wie sagt man ... Benzin«, erwiderte Loibl und runzelte die Stirn, als müsse er schwer nachdenken. »Ach, dann war das Ihr Wagen, der vorher so schnell an mir vorbeigefahren ist?«

Von Grabnitz zögerte kurz, dann nickte er. »Ein roter Mercedes Simplex, Baujahr 1910. Eines der schnellsten Automobile weltweit.« Er lächelte verlegen. »Ich gebe zu, dass ich Sie erst im letzten Augenblick gesehen habe. Bitte vielmals um Verzeihung. Tja, dann sind das hier wohl auch meine Wagenspuren.«

»Ein Rennwagen, sagten Sie?« Loibls kleine Augen begannen zu leuchten. »So ein Mercedes fährt bestimmt schneller, als ein Pferd galoppieren kann.«

Victor von Grabnitz lachte. »Das können Sie laut sagen! 80 Kilometer in der Stunde. Wüsste keinen Gaul, der das auf längere Zeit durchhält.«

»Darf ich mir den Wagen mal anschauen?«, fragte der Dorfgendarm. »Jetzt gleich?«

»Bitte, wenn Sie meinen.« Von Grabnitz zuckte mit den Schultern und spazierte auf der dunklen Parkallee in Richtung Kapelle. »Damit ist diese Untersuchung ja wohl abgeschlossen.«

»Noch nicht ganz, nur noch ein paar Fragen«, sagte Loibl. »Aber das können wir auch an diesem, wie heißt er … Mercedes machen. Wenn mir die anderen Herrschaften bitte folgen möchten.«

Murrend begleiteten die drei Königstreuen den kleinen Gendarmen, bis sie an der Rückseite der Votivkapelle auf den rot schimmernden Wagen stießen. Im Licht der Fackeln funkelte das polierte Blech wie ein magischer Spiegel. Die hochgeklappte Haube und die zwei erhöhten Sitze gaben dem Fahrzeug etwas Erhabenes aber auch Bedrohliches, ganz so, als könne man mit ihm sowohl in den Himmel wie auch in die Hölle fahren.

Siegfried Loibl umrundete andächtig das Automobil, er strich über das glatte Sitzleder und den silbernen Kühlergrill und blieb schließlich vor den zwei großen Scheinwerfern stehen. »Wirklich grandios«, sagte er. »Grandios. Ich wüsste gerne, was …«

»Können wir endlich gehen?«, brummte Max

Scheidegger. »Ich habe wirklich Wichtigeres zu tun, als mir nach Mitternacht ein Automobil anzusehen. Die Herren können ja gerne noch zu zweit eine Spritztour machen.«

»Einen winzigen Augenblick noch«, sagte Loibl. »Lassen Sie mich nur noch diesen Satz zu Ende sprechen. Ich wollte gerade sagen, ich wüsste gerne, was so ein neuer Scheinwerfer kostet. Denn der hier ist ja kaputt.«

»Was?« Victor von Grabnitz beugte sich hinunter und nahm die vordere Karosserie näher in Augenschein. »Tatsächlich, zersplittert. Muss ein Stein gewesen sein oder ein Tier.«

»Oder Alois Berlinger.«

Die Stimme des Dorfgendarmen war fast nur ein Flüstern gewesen, trotzdem zuckten die drei Königstreuen zusammen. Einen kurzen Moment herrschte absolute Stille.

»Wie … wie können Sie es wagen, hier solche Verdächtigungen auszusprechen!«, fauchte Max Scheidegger schließlich. Der Kopf des Brauereibesitzers war wieder genauso zornesrot wie am Anfang ihres Treffens. »Ich werde das unverzüglich Ihrem Vorgesetzten melden!«

»Das können Sie gerne tun«, sagte Siegfried Loibl. »Ich möchte dem Polizeioberhauptmeister ohnehin etwas zeigen.« Er zog ein schmutziges, verknotetes Taschentuch aus der Rocktasche und begann, es vorsichtig aufzuknüpfen, während er leise weitersprach. »Während die Herren sich vorher über den Mord an unserem hochverehrten König unterhielten, hab ich die Leiche nämlich ein wenig untersucht. Und dabei sind mir ein paar Glassplitter an der Kleidung aufgefallen. Ich hab sie eingesammelt, sehen Sie. Sie passen genau zu diesem Scheinwerfer.« Loibl hielt ein paar winzige Splitter ins Licht, die am Rand rot von Lack waren.

Max Scheidegger zückte sein Monokel und sah sich die Scherben genauer an. »Tatsächlich!«, murmelte er. »Die könnten wirklich von Ihrem Auto stammen, Grabnitz.«

Der Starnberger Arzt lachte verlegen. »Unsinn! Es war ein Raubmord, das haben die Untersuchungen ergeben. Die Brieftasche …«

»Das wollt ich Sie untertänigst noch fragen, Herr Doktor«, unterbrach ihn Loibl. »Woher wussten Sie eigentlich, dass in der Brieftasche viel Geld ist. Haben Sie reingeschaut, bevor Sie sie weggeworfen haben?«

»Was fällt Ihnen ein?«, brauste von Grabnitz auf, doch der junge Assessor Müller fiel ihm ins Wort. »Das stimmt!«, rief er. »Grabnitz hat vorher gesagt, dass in Alois Berlingers Portemonnaie viel Geld war. Woher wussten Sie das eigentlich?«

»Ich … ich werd ihn wohl vorher gefragt haben«, erwiderte der Arzt. »Was ist das hier? Ein Verhör?«

»Nun, ich glaube, man könnte das so nennen«, sagte Siegfried Loibl, der mittlerweile vor dem Kühlergrill kniete. »Sehen Sie, hier sind getrocknete Blutflecken. Aber die können sie sicher auch erklären.«

»Ein Reh, das ich gestern Abend umgefahren habe«, blaffte von Grabnitz. »Nichts weiter.«

»Ah, ich verstehe.« Loibl nickte bedächtig. »Aber vielleicht sollten wir trotzdem eine Probe nach München schicken, nur zur Sicherheit. Wussten Sie eigentlich, dass man mittlerweile unter diesen neumodischen Mikroskopen Tierblut von Menschenblut unterscheiden kann?« Er seufzte und steckte das zusammengeknotete Taschentuch wieder zurück in seine Uniform. »Jaja, die Technik, sie schreitet voran.«

Mit einem Mal war es sehr still geworden, keiner der Männer sprach etwas. Nach einer Weile erst meldete sich Max Scheidegger zu Wort.

»Eine interessante Theorie, die Sie da haben«, knurrte er. »Vor allem für einen dummen Dorfgendarm. Ich bin fast geneigt, Ihnen zu glauben. Wenn da nicht der Todeszeitpunkt wäre …« Er rieb sich die rote, erhitzte Stirn. »Berlingers Taschenuhr blieb erwiesenermaßen um 19 Uhr stehen. Zu diesem Zeitpunkt waren wir aber alle in der Kapelle. Es gibt also über zwanzig Zeugen, dass es von Grabnitz nicht gewesen sein kann.«

Der Arzt lächelte. »Endlich ist mal einer vernünftig hier. Ich hatte schon gedacht, auch Sie, Scheidegger, wären von allen guten Geistern verlassen. Ich glaube, wir sollten jetzt wirklich …«

Ganz plötzlich stockte er, als sein Blick auf eine kleine silberne Uhr fiel, die der Dorfgendarm in der Hand hielt. Loibl sah beinahe gleichgültig auf das Zifferblatt, endlich hob er den Kopf.

»Eine schöne Uhr nicht wahr?«, begann er. »Ein Familienerbstück vermutlich. Hinten sind die Initialen A. B. eingraviert. Alois Berlinger.« Siegfried Loibl wandte sich an den jungen Assessor. »Es waren, glaube ich, Sie, der mir erzählt hat, dass Berlinger ein äußerst pünktlicher Mensch war. Einer, dem Pünktlichkeit über alles ging. Da hab ich mir gedacht, dass solche Menschen bestimmt mehr als nur eine Uhr besitzen. Falls mal eine falsch geht, nicht wahr?« Er ließ die Uhr an ihrer dünnen silbernen Kette direkt vor der Nase des Arztes baumeln. »Und tatsächlich, diese hier habe ich in der rechten Hosentasche des Opfers gefunden. Sie müssen Sie wohl in der Eile übersehen haben, Herr Doktor.«

Von Grabnitz' Gesicht war mit einem Mal kreideweiß geworden, wie versteinert starrte er die kleine silberne Uhr an.

»Wenn Sie gestatten, würde ich Ihnen jetzt gerne erzählen, wie ich glaube, dass sich alles zugetragen hat«, sagte Loibl. »Darf ich?«

Als alle drei Angesprochenen schwiegen, fuhr der Gendarm fort.

»Zu gütigst. Ich nehme an, dass der Herr von Grabnitz den Berlinger im Wald über den Haufen gefahren hat. Ob mit Absicht oder versehentlich, kann ich nicht sagen. Aber der Hergang lässt eher darauf schließen, dass die Tat geplant war. Nachdem Berlinger tot war, hat von Grabnitz die Brieftasche aus dem Rock genommen und ins Gebüsch geworfen, damit es wie ein Raubmord aussah. Dann hat er die Leiche von der Straße weg hin zum See geschleppt. Warum er sie genau beim Kreuz hineingeworfen hat …?« Er zuckte mit den Schultern. »Vielleicht wollte er dem Kollegen so eine letzte Ehre erweisen.«

»Der Berlinger, der hat doch immer alles besser gewusst«, zischte Victor von Grabnitz plötzlich. »Hat gemeint, er allein könnt sagen, was damals mit dem König passiert ist. Lächerlich machen wollt er mich in der Zeitung! Beweise hätte er, dass meine glänzende Theorie vom Bismarck-Komplott falsch ist! Am Ende sollte er wenigstens spüren, was der König durchlitten hat.«

»Sie haben ihn wirklich umgebracht?«, flüsterte Max Scheidegger.

Von Grabnitz schüttelte eifrig den Kopf. »So ... so war es nicht! Es war eher ein Unfall! Der Berlinger war unterwegs zur Kapelle, er ging mitten auf der Allee. Als ich ihn so gesehen hab, da ... da ist der Teufel mit mir durchgegangen! Ich hab Gas gegeben, und der Berlinger ist durch die Luft geflogen wie eine Puppe.«

»Mein Gott, von Grabnitz«, murmelte Scheidegger. »Was haben Sie nur gemacht?«

Der Arzt hielt die Hände vors Gesicht. »Ein Unfall! Verstehen Sie doch!«

»Mein Kompliment, Wachtmeister Loibl«, sagte Assessor Müller mit leiser Stimme. »Wir haben Sie wirklich unterschätzt. Ich verstehe nur nicht, was es mit dieser zweiten Uhr auf sich hat.«

Siegfried Loibl zog die zweite, goldene Taschenuhr hervor; der Gendarm hielt nun jeweils eine Uhr in der rechten und linken Hand. »Sehen Sie«, sagte er. »Als der Herr von Grabnitz den Berlinger überfahren hatte, hat er ihn durchsucht und in der Westentasche diese große Taschenuhr gefunden. Vermutlich war sie durch den Aufprall bereits kaputt. Der Herr von

Grabnitz hat sie auf 19 Uhr vorgestellt, weil er wusste, dass ihn dann keiner verdächtigen konnte. Schließlich war er zu diesem Zeitpunkt schon in der Messe.«

»Stimmt!«, rief der junge Assessor und deutete auf von Grabnitz. »Sie waren der letzte, der in der Kapelle eingetroffen ist! Und wenn ich mich recht erinnere, haben Sie einen ziemlich erschöpften Eindruck gemacht.«

»Weil er die Leiche noch von der Allee wegschaffen musste«, sagte Loibl. »Der Herr Doktor ist der Einzige mit einem Automobil, man hätte ihn sonst sofort verdächtigt. Also hat er den Berlinger durch den Park geschleppt und ins Wasser geworfen. Nur diese kleine Uhr hier …« Der Gendarm schaute auf das Zifferblatt der silbernen Taschenuhr. »… die hat er wohl übersehen. Sie ist beim Aufprall ebenso kaputtgegangen wie die große. Deshalb zeigt sie den richtigen Todeszeitpunkt. Exakt Viertel nach sechs.«

»Verflucht, er hat wirklich die große Taschenuhr vorgestellt«, murmelte Scheidegger. »Eine ganze Menge krimineller Energie für einen Unfall.«

Loibl nickte und musterte von Grabnitz, der mit verschlossenen Lippen vor seinem Mercedes stand und die Fäuste ballte.

»Haben sich die Herrschaften eigentlich schon mal überlegt, warum es der Herr Doktor war, der nach der

Polizei telegrafiert hat?«, fragte er in die Runde. »Ich vermute, dass Victor von Grabnitz nach dem Telefonat noch Berlingers Haus durchforstet hat. Wahrscheinlich auf der Suche nach diesen Beweisen, mit denen Ihr Ludwigexperte zur Zeitung gehen wollte.«

»Sparen Sie sich den Weg!«, krächzte von Grabnitz. »Ich war tatsächlich oben bei Berlinger. Und soll ich Ihnen sagen, was ich gefunden habe?« Er lachte verzweifelt auf. »Nichts! Gar nichts! Alois Berlinger hatte überhaupt keine Beweise für seine Theorie vom einsamen Gendarmen, und er hatte auch nichts, mit dem er mich hätte lächerlich machen können. Das ganze Gerede heute Mittag im Wirtshaus war nichts weiter als Prahlerei! Und dafür hab ich meinen Kopf riskiert!«

»Es könnte sein, dass Sie ihn deshalb sogar verlieren«, knurrte Scheidegger. »Auf Mord steht das Fallbeil.«

Von Grabnitz reckte herausfordernd das Kinn nach vorne. Er schüttelte die Fäuste, während sein schmächtiger Körper zitterte. »Und wenn sie mich auch hinrichten«, keuchte er. »Mein Theorie ist die einzig richtige! Der König wurde von den Schergen Bismarcks mit einem Luftdruckgewehr erschossen. Sie können mich töten, die Wahrheit wird weiterleben!«

»Was für ein Spinner!«, flüsterte der Assessor Müller. »Und so etwas ist bei den Königstreuen.«

»Ich vermute nur, dass er recht hat«, sagte Siegfried Loibl. »Mit dem Tod des Königs werden wir noch lange unsere Freud haben. Dagegen ist dieser Mordfall hier ein Kinderspiel.« Er schlenderte hinüber zu seinem Fahrrad, saß auf und führte die Hand zur Mütze. »Wachtmeister Loibl meldet sich ab, um Verstärkung anzufordern«, verkündete er im amtlichen Ton. »Vielleicht ist der Herr Polizeioberhauptmeister ja mittlerweile ansprechbar.«

Ächzend trat Loibl in die Pedale und fuhr die dunkle Allee entlang Richtung Starnberg, eine kleine, gedrungene Gestalt, die schon bald von der Schwärze verschluckt wurde.

Anmerkung des Autors:
König Ludwig II. starb am 13. Juni 1886 im Starnberger See. Die genauen Umstände seines Todes sind bis heute ungeklärt. Noch immer treffen sich königstreue Bayern jeden Sonntag nach seinem Todestag in der Berger Votivkapelle, um seiner zu gedenken.

Fränkische Polizisten wurden in Altbayern zu Anfang des 20. Jahrhunderts tatsächlich verstärkt eingesetzt. Weil sie keine Verbindung zur Bevölkerung hatten, erhoffte man sich dadurch ein härteres Durchgreifen bei Wilderern und Kleinkriminellen, die oftmals die Sympathie der bayerischen Bauern genossen.

AUTOREN-BIOGRAFIEN
(alphabetisch)

Nicola Förg
Nicola Förg, Bestsellerautorin, hat mittlerweile 20 Kriminalromane und einen Islandroman verfasst und an zahlreichen Anthologien mitgewirkt. Zwei Krimiserien spielen im Voralpenland und an alpinen Tatorten. Kult-Kommissar Weinzirl ermittelt im Allgäu und Pfaffenwinkel, Nicola Förgs zweite Krimiserie hat für das Kommissarinnen-Duo Irmi Mangold und Kathi Reindl knifflige Fälle im Werdenfelser Land parat. Die gebürtige Oberallgäuerin, die in München Germanistik und Geografie studiert hat, lebt mit Familie sowie Ponys, Katzen, Hunden, Kaninchen und anderem Getier auf einem Hof in Prem am Lech. Tier- und Umweltschutzaspekte sind oft Kernthemen, Förg erhielt mehrere Preise für ihr Engagement rund um den Naturschutz.
www.ponyhof-prem.de

Christine Grän

Christine Grän, Jahrgang 52, lebte in Graz, Bonn, Berlin, Frankfurt, Hongkong und Botswana, war Journalistin und Busch-Wirtin in Afrika und schrieb dort ihren ersten Anna-Marx-Krimi für rororo-thriller. Sie gingen in Serie, auch fürs Fernsehen, danach folgten Romane wie »Hurenkind«, »Die Hochstaplerin« und »Heldensterben«. Zuletzt erschienen »Amerikaner schießen nicht auf Golfer«, »Glück am Wörthersee« und »Glück in Wien«, der neue Glück-Krimi erscheint im Februar 2019. Sie wurde mit dem »Marlowe« und »Ernst-Hoferichter-Preis« ausgezeichnet. Seit 1999 lebt Grän in München. Sie liebt Schwabing und den Starnberger Golfplatz sowie das kleine Badehaus einer Freundin, die das Glück hat, am See zu wohnen.

Henrike Heiland

Henrike Heiland, geboren 1975, lernte gleich nach Laufen und Sprechen Klavierspielen. Sie arbeitete beim Radio und für diverse Zeitungen, entschied sich nach ihrer Klavierausbildung für ein Literaturstudium und verbrauchte dafür fünf Unis. Während der Semesterferien verbrachte sie viel Zeit an europäischen Theatern zwischen London und Basel, vor, hinter und auf der Bühne. Irgendwie landete sie beim Film in München, wo ihre durchaus sesshafte Familie bis heute wohnt. Nach ein paar weiteren Umzügen – Hamburg und Edinburgh zum Beispiel – parkt sie ihren Käfer derzeit in Berlin und hat dort einen eigenen Verlag. Von ihr erschienen mehrere Kriminalromane unter ihrem heutigen Namen Zoë Beck, zuletzt »Die Lieferantin« bei Suhrkamp. Sie wurde mehrfach für ihre Romane und Erzählungen ausgezeichnet. 2018 erhielt sie die »Goldene Auguste«.

Walther Hohenester

Walther Hohenester wurde 1935 in München geboren. Er war 25 Jahre lang als selbstständiger Apotheker tätig und begann 1991 mit dem Schreiben. Seitdem hat er rund 15 Kinderbücher und Jugendromane sowie fünf Würmtal-Krimis veröffentlicht (»Mord im Paradies«, »Freinacht«, »Kalter Regen« u. a.).

Jörg Maurer
Jörg Maurer wurde 1953 geboren. Eine feste Größe in der süddeutschen Musikkabarettszene, leitete er jahrelang ein Theater in München. Im Frühjahr 2009 wurde mit »Föhnlage« der erste Kriminalroman um Kommissar Hubertus Jennerwein veröffentlicht. Inzwischen ist u.a. der elfte Band des Bestsellerautors bei den S. Fischer Verlagen erschienen. Jörg Maurer wurde für seine Arbeit mehrfach ausgezeichnet. Heute lebt er in Garmisch-Partenkirchen.
www.joergmaurer.de

Philipp Moog
Philipp Moog ist ein deutscher Schauspieler, Synchronsprecher, Autor und Drehbuchautor. Er wurde in München geboren, wuchs auf der Maxhöhe bei Berg am Starnberger See auf und besuchte die Grundschule Aufkirchen, das Gymnasium Starnberg und die Munich International School in Wangen bei Starnberg. Seine Lieblingsorte rund um den Starnberger See sind der Bismarckturm bei Assenhausen und der ›Fischmeister‹, die legendäre Wirtschaft in Ambach.

DER FALL LUDWIG **OLIVER PÖTZSCH**

Den Sommer verbringt er am liebsten am Starnberger See, wo er ein kleines Bootshaus und ein Elektroboot besitzt.

Philipp Moog absolvierte sein Schauspielstudium in New York. Regisseur George Roy Hill engagierte ihn für seinen US-Kinofilm »The Little Drummer Girl« (»Die Libelle«) an der Seite von Diane Keaton. An der Seite von Dieter Pfaff spielte er in der preisgekrönten ZDF-Krimireihe »Sperling«. Zudem ist Moog in zahlreichen anderen Krimis zu sehen, wie »Derrick«, »Der Alte«, »Wilsberg« , »Tatort«, in der Verfilmung von Friedrich Anis »Süden und der Luftgitarrist« unter der Regie von Dominik Graf, sowie in »Pilgerfahrt nach Padua«, »Ein Fall für Fingerhut« mit Cordula Stratmann, und »Unter Verdacht – Laufen und Schießen«. Philipp Moog ist die deutsche Stimme von Ewan McGregor, Owen Wilson, Orlando Bloom und Michael Persbrandt (»Kommissar Beck«). Gemeinsam mit seinem Kollegen und Co-Autor Frank Röth entwickelte und schrieb Moog die RTL-Erfolgsserie »SK-Babies« (Grimme-Preisnominierung: Beste Serie) sowie einige Folgen der ZDF-Reihen »Sperling« und »Der Alte«. Im Herbst 2008 erschien Moogs erster, von der Kritik hoch gelobter Roman »Lebenslänglich« im DuMont-Verlag.

Ono Mothwurf
Ono Mothwurf wurde im oberösterreichischen Traun geboren. Er studierte Wirtschaftswerbung in Wien, arbeitete als Redakteur beim SURF-Magazin in München und als Texter und Kreativdirektor für Werbeagenturen in ganz Deutschland. Als Segler und Surfer kennt er den Starnberger See auch von innen. Sein Kommissar Wondrak, den er in den Krimis »Taubendreck« und »Werbevoodoo« durch zahlreiche skurrile Situationen jagt, ist eigentlich bei der Kripo Fürstenfeldbruck stationiert, die ebenfalls für den Landkreis Starnberg zuständig ist. In der Kurzgeschichte »Milcheis« ermittelt er ausnahmsweise mal etwas außerhalb seines Reviers.

Harry Luck
Harry Luck wurde 1972 in Remscheid geboren und lernte beim Remscheider Generalanzeiger das journalistische Handwerk. 1995 kam er nach München, wo er Politik studierte und bei verschiedenen Zeitungen und Radiosendern arbeitete. 1999 baute er die Bayernredaktion der Nachrichtenagentur ddp auf, die er bis 2004 leitete. Bei Focus Online war er stellver-

tretender Nachrichtenchef und betreute die Krimi-Kolumne. Mit »Der Isarbulle« debütierte er 2003 als Krimi-Autor. Es folgten elf weitere Kriminalromane. Seit 2012 lebt er mit seiner Familie in Bamberg, wo er die Öffentlichkeitsarbeit des Erzbistums verantwortet und Franken-Krimis schreibt.

www.harryluck.de

Oliver Pötzsch

Der Schriftsteller Oliver Pötzsch, Jahrgang 1970, arbeitete viele Jahre für den Bayerischen Rundfunk, bevor er sich ganz dem Schreiben widmete. Er ist ein Nachfahre der Kuisls, die vom 16. bis 19. Jahrhundert eine berühmte bayerische Henkersdynastie waren. Seine historische Romanserie »Die Henkerstochter« (Ullstein Verlag) wurde in mehr als 20 Sprachen übersetzt und hat ihn weit über die Grenzen Deutschlands bekannt gemacht. 2013 erschien mit »Die Ludwig-Verschwörung« sein historischer Thriller über den Tod des Märchenkönigs. In seinen neuesten Romanen »Der Spielmann« und »Der Lehrmeister« (Erscheinungstermin Herbst 2019) widmet er sich der wahren Figur des Doktor Faustus. Oliver Pötzsch lebt mit seiner Frau und zwei

Kindern in München. Sein Schwiegervater wohnt in Bernried am Starnberger See. Zum Schreiben zieht er sich in seinen Schäferwagen am Ammersee zurück, wo die Uhren noch ein wenig langsamer ticken als am Starnberger See.

Asta Scheib

Asta Scheib wurde 1939 in Bergneustadt (NRW) geboren. Sie war als Redakteurin für verschiedene Zeitschriften und als Journalistin u. a. für die Süddeutsche Zeitung tätig und verfasste zahlreiche Romane, Romanbiografien und Drehbücher (u. a. TATORT). Ihre Erzählung »Angst vor der Angst« wurde von Rainer Werner Fassbinder verfilmt. Sie erhielt zahlreiche Auszeichnungen, darunter den Bayerischen Verdienstorden und das Bundesverdienstkreuz für Verdienste um die deutsche Sprache. Die Autorin lebt in München.

www.asta-scheib.de

Jörg Steinleitner

Jörg Steinleitner, geboren 1971 im Allgäu, studierte Jura, Germanistik, Geschichte und Journalismus in München, Augsburg und Wien. 2002 ließ er sich nach Stationen in Peking und Paris als Anwalt in München nieder. Er veröffentlichte u.a. die Anne-Loop-Reihe, die Kunstfälscher-Serie »Ambach« sowie den LKA-Krimi »Blutige Beichte« (Piper Verlag) und Kinderbücher wie »Juni und der Honigdieb« (Arena Verlag). Steinleitner hat eine Kolumne auf BUCHSZENE.de und macht aufsehenerregende Lesungen.

www.steinleitner.com

Sabine Thomas

Sabine Thomas wurde bekannt als TV-Moderatorin von Musik- und Jugendmagazinsendungen bei Tele 5. Sie hat einen preisgekrönten Roman (»Yaizas Insel«) sowie zahlreiche Kurzkrimis in Anthologien und Star-Biografien (Abba, Robbie Williams u. a.) veröffentlicht sowie die Krimi-Anthologien »Tatort Ammersee« und Tod am Tegernsee« herausgegeben. Zudem verfasste sie Drehbücher für eine ARD-Kinderkrimiserie. Ihr erster Roman wurde mit dem Literaturstipendium der Landeshauptstadt München ausgezeichnet.

Sabine Thomas wurde in der Nähe von München geboren, lebt nach Stationen in München, Rom und Berlin seit einigen Jahren als Autorin, Fotografin und Veranstalterin von Krimifestivals in einer alten Villa am Ammersee und liebt Bootsfahrten und Exkursionen mit dem SUP-Board über den Starnberger See ebenso wie die Sommerfeste der Villa Waldberta.
www.sabinethomas.de
www.krimifestival-5seenland.de

Josef Wilfling

Josef Wilfling, Kriminaloberrat a. D., geboren 1947, war 22 Jahre bei der Münchner Mordkommission tätig, die er jahrelang leitete. In dieser Zeit klärte er die spektakulärsten Fälle wie die Morde an Schauspieler Walter Sedlmayr und Modezar Rudolph Moshammer. Seine Bücher »Abgründe«, »Unheil« und »Verderben« stürmten die Bestsellerlisten und führten ihn durch zahlreiche Talkshows. Das Bayerische Fernsehen produzierte die Serie »Lebenslänglich Mord – Kommissar Wilflings Kriminalfälle«.

*Weitere Titel finden Sie auf den
folgenden Seiten und im Internet:*

WWW.GMEINER-VERLAG.DE

Hans Weber; Armin Ruhland
Ausgeschossen
Kriminalroman
288 Seiten, 12,5 x 20,5 cm,
Broschur
ISBN 978-3-8392-0749-9

Ein motorisierter Gleitschirmflieger wird leblos in einer Baumkrone mitten im Zentrum von Pfarrkirchen entdeckt. Bei dem Toten handelt es sich um einen hiesigen erfolgreichen Gebrauchtwagenhändler, der im Flug aus großer Entfernung erschossen wurde. Ein sehr komplizierter Fall für das Pfarrkirchner Ermittlerteam Thomas Huber und Mandy Hanke, da weder ein genauer Tatort noch die Tatwaffe auszumachen sind. Zudem dürften die beiden als offizielles Paar eigentlich nicht mehr gemeinsam ermitteln.

GMEINER SPANNUNG

WWW.GMEINER-VERLAG.DE
Wir machen's spannend

Gretel Mayer
Chiemseegewitter
Kriminalroman
256 Seiten, 12,5 x 20,5 cm,
Klappenbroschur
ISBN 978-3-8392-0757-4

Es hätte alles so schön sein können. Lisbeth fährt mit ihrem Lebensgefährten, dem pensionierten Kriminaler Joe, an den geliebten Chiemsee, um ihm die Schauplätze ihrer Kindheit zu zeigen. Doch kaum angekommen, wird die Vermieterin ihrer Ferienwohnung ermordet in der Räucherhütte des Anwesens aufgefunden. Joe steht seinem örtlichen Kollegen Ottl Kerber sofort mit Rat und Tat zur Seite. Tatverdächtige gibt es viele und so hat das Ermittlerduo – inmitten der Schönheit des Chiemsees – alle Hände voll zu tun.

GMEINER SPANNUNG

WWW.GMEINER-VERLAG.DE
Wir machen's spannend

Johannes Wilkes
Der Fall Nietzsche – Mütze und Karl-Dieter ermitteln
Kriminalroman
240 Seiten, 12,5 x 20,5 cm, Broschur
ISBN 978-3-8392-0761-1

Entsetzen in Erlangen: Kurz vor der Besetzung des renommierten Schelling-Lehrstuhls wird der heißeste Anwärter erschossen in der Neischl-Grotte gefunden. Es handelt sich um Markus Nüsslein, einen ausgewiesenen Nietzsche-Kenner und ehemaligen Studenten der Friedrich-Alexander-Universität. Kommissar Mütze ermittelt und stößt auf Missgunst und Intrigen im Umfeld des Ermordeten. Steckt ein Konkurrent um den Lehrstuhl hinter der Tat? Was verbirgt die undurchsichtige Witwe des Toten? Und was hat Nietzsches Zeit in Erlangen 1870 mit dem Fall zu tun?

GMEINER SPANNUNG

WWW.GMEINER-VERLAG.DE
Wir machen's spannend

Birgit Mayr
Genussvoller Tod am Tegernsee
Kriminalroman
288 Seiten, 12,5 x 20,5 cm,
Broschur
ISBN 978-3-8392-0760-4

Am Tegernsee wird auf einer internationalen Bonsaimesse der teuerste Bonsai der Welt ausgestellt. Der Besitzer, ein japanischer Millionär, wohnt inkognito beim Kräuterheiler Anton auf dem Klaslhof. Zwei Welten treffen aufeinander.

Als der Japaner nach dem Genuss eines Kugelfischgerichts tot zusammenbricht und der Bonsai verschwindet, begibt sich Hauptkommissarin Erna Salvermoser mit ihrem Polizeimops Ganghofer auf eine gefährliche Spurensuche. Kurz darauf ist Ganghofer unauffindbar …

GMEINER SPANNUNG

WWW.GMEINER-VERLAG.DE
Wir machen's spannend

Friederike Schmöe
Schatten über dem Großen Arber
Kriminalroman
208 Seiten, 12,5 x 20,5 cm,
Broschur
ISBN 978-3-8392-0817-5

Die Sportjournalistin Kaja überwirft sich mit ihrer Redakteurin. Sie hat noch eine letzte Chance, die Scharte auszuwetzen: Beim Berglauf am Großen Arber soll sie die Ultratrailläuferin Almut porträtieren. Die prominente Sportlerin will sich allerdings nur interviewen lassen, wenn Kaja selbst an dem Lauf teilnimmt. Die Journalistin merkt schnell, dass sie der Herausforderung nicht gewachsen ist, doch um ihren Job zu retten, wirft sie alles in die Waagschale. Als es einen Temperatursturz gibt und sie sich verläuft, macht Kaja eine schreckliche Entdeckung …

GMEINER SPANNUNG

WWW.GMEINER-VERLAG.DE
Wir machen's spannend

Arne M. Boehler
Sonst stirbt sie!
Thriller
320 Seiten, 12,5 x 20,5 cm,
Broschur
ISBN 978-3-8392-0745-1

»Und dann kommt die Angst – zu jeder einzelnen Mutter, jedem einzelnen Vater in der Stadt: Ist mein Kind das nächste Opfer?«

Die kleine Tochter eines jungen Paars verschwindet spurlos, doch Kommissarin Svenja Paulus erkennt keine Anzeichen für eine Entführung. Während sie alle Hebel in Bewegung setzt, um das Kind aufzuspüren, verhalten sich dessen Eltern verdächtig passiv. Haben sie eine schreckliche Schuld auf sich geladen?

GMEINER SPANNUNG

WWW.GMEINER-VERLAG.DE
Wir machen's spannend